KB199887

부족하지만 나아지고 있습니다

부족하지만 나아지고 있습니다

지은이 | 정통령
초판 발행 | 2023. 10. 18
등록번호 | 제 1988-000080 호
등록된 곳 | 서울특별시 용산구 서빙고로 65길 38
발행처 | 사단법인 두란노서원
영업부 | 2078-3352   FAX | 080-749-3705
출판부 | 2078-3331

책값은 뒤표지에 있습니다.
ISBN 978-89-531-4628-0 03230

독자의 의견을 기다립니다.
tpress@duranno.com www.duranno.com

두란노서원은 바울 사도가 3차 전도여행 때 에베소에서 성령 받은 제자들을 따로 세워 하나님의 말씀으로 양
육하던 장소입니다. 사도행전 19장 8-20절의 정신에 따라 첫째 목회자를 돕는 사역과 평신도를 훈련시키는 사
역, 둘째 세계선교(TIM)와 문서선교(단행본·잡지) 사역, 셋째 예수문화 및 경배와 찬양 사역, 그리고 가정·상담 사역
등을 감당하고 있습니다. 1980년 12월 22일에 창립된 두란노서원은 주님 오실 때까지 이 사역들을 계속할 것
입니다.

부족하지만 — 나아지고
있습니다

관계와 상황을 치유하는
예수님의 삶의 방식

정통령 지음

두란노

차례

저자는 인생의 고단함을 보여 주는 25시를 어떤 관점에서 바라보고 어떻게 살아가야 할지에 대해 친절하고 따뜻하게 안내해 주고 있다. 자신의 실제적인 삶의 스토리를 진솔하게 나누면서 환경과 상황을 바라보는 관점이 달라지도록 도와준다. 삶의 다양한 문제와 상황 속에서 자신의 약함과 실수를 가감 없이 보여 주며 인생의 25시에 개입해서 피할 길과 도움을 주시는 하나님을 증거하고 있다.

자신이 바뀌는 것이 변화의 시작임을 알게 함과 동시에 관계, 상황, 인생이 바뀔 수 있다는 용기를 저자의 스토리를 통해 보여 주어서 더 친근하게 느껴진다. 그렇게 바뀌어 가는 모습과 누군가의 기도 응답이 되어 주면서 하나님의 사랑을 받은 자로 이웃을 건강하게 살아가게 하는 저자와 공동체를 나는 저자의 목회 현장에서 수없이 보았다. 함께 사역하는 사역자를 사랑하고, 건강한 목회를 위해 부족함을 발견하고 전환하며 극복해 가는 모습 속에서 공동체도 함께 성장해 왔다. 부족하지만 나아지기 원하는 이들에게 관계와 상황을 치유하시는 예수님의 삶의 방식을 담은 이 책을 적극 추천한다.

김숙경 김숙경사랑연구소 소장, 더세움교회 동역사역자 상황과 관계는 우리를 형성하는 가장 중요한 요소입니다. 죄로 인한 깨어짐과 어그러짐이 가득한 25시의 비극적 현장이기도 하지요. 그것이 치유됨 없이는 하나님께서 본래 우리에게 원하셨던 삶이 이루어질 수 없습니다.

저자 정통령 목사님은 예수 그리스도의 복음이 우리를 짓누르는 상황과 깨어진 관계를 회복시킴을 확신합니다. 힘들었던 자신의 삶에서 체험한 하나님의 회복을 세세히 나눕니다. 아무 연고가 없는 김천 혁신도시에서 12년간 더세움교회를 개척하여 섬기는 가운데 복음의 모범을 따라 씨름하며 경험한 내용을 복기합니다. 그래서 내용이 생생합니다. 실제적이고 흥미진진합니다.

이 책에는 중요한 반전이 있습니다. 상황이 아니라 자신을 바꾸어 주시기를 간구하는 기도와 실천입니다. 그것이 책 전체를 관통합니다. 그렇습니다. 복음적 혁신의 중심에는 자아의 변화가 있습니다. 자아가 바뀌면 상황도 바뀌고 관계도 달라질 수밖에 없습니다. 진정한 자아의 변화는 하나님의 통치에 자신을 내어 드릴 때만 가능합니다. 저자는 자신을 바꾸어 오신 그리스도의 은혜를 증거합니다. 그로 인해 어떻게 활기찬 목회가 가능했는지를 보여 줍니다.

신국원 총신대학교 신학과 명예교수

우리에게는 자기 경험과 느낌을 기초로 한 선입견이 있다. 목사는 이러해야 한다, 교회는 이러해야 한다는 것과 같은 것들 말이다. 이 책은 그러한 선입견을 거부한다. 목사인 저자가 먼저 포장된 겉모습이 아니라 자신의 실체와 삶과 공동체를 열어젖히고 있기 때문이다.

손에 들린 저자의 이야기는 고통에 대한 공감, 회복의 기쁨, 삶의 역동성과 하나님을 향한 소망에 불을 지펴 준다. 이 책을 다 읽고 내려놓는 솔직한 느낌은, 고난과 연단의 과정을 거쳐 온 저자에게는 미안하지만 '재밌다!', '감사하다!'이다. 저자는 이 책에 다양한 환경 속에서 만났던 인생의 고난과 자기 실체와 내면의 약점들을 틀을 깨는 솔직 담백한 이야기로 담아낸다. 그래서 재밌다. 자신을 바꾸심으로 관계와 상황과 인생을 이끌어 가시는 토기장이 하나님을 주인공으로 소개하는 저자의 이야기는 공감을 넘어 독자들로 하여금 하나님을 더욱 기대하도록 이끈다. 그래서 감사하다.

탈출구가 보이지 않는 고단한 삶! 저자의 표현대로 '25시의 인생!' 피해자를 자처하던 저자가 자신의 영적 실체를 발견한 후 전하는 25시에도 쉬지 않고 일하시는 하나님의 진한 사랑과 은혜의 선순환의 이야기를 통해 고단한 삶의 한복판에 있는 독자들 역시 인생의 방향키를 손에 쥐게 될 것이다. 고단하고 힘겨웠던 25시의 삶이 하나님께 속한 것이라는 저자의 고백이 자신의 고백으로 승화될 것이다. 부족하지만 조금씩 나아지는 삶을 더욱 소망하게 될 것이다.

신현빈 디모데성경연구원/ 월드티치 대표

그의 어깨를 두드리듯, 전해 받은 원고를 눈으로 가만히 쓰다듬는다. 자신을 통과한 이야기 구석구석에 담긴 그의 모습이 애잔하게 느껴진다. 그를 더 신뢰해도 되겠다는 안도감에 그의 이야기에 점차 이끌린다. 혹독한 결핍의 거친 자갈밭을 맨발로 걸으며, 오히려 자갈밭이 발 씻는 우물이 될 때까지 걸음을 멈추지 않았던 그의 모든 시간들이 아름답게 여겨진다.

그는 선택받았던 게 틀림없다. 그래서 암흑 같은 시간에도 관계와 상황을 치유하시는 세상 너머의 시선을 볼 줄 알았던 것이다. 그래서 그 시선에서 흐르는 많은 물소리가 자기를 씻어 내도록 맡길 줄 알았던 것이다. 그리하여 그 자신의 시선도, 그 자신의 목소리도 어느새 관계와 상황을 치유하시는 세상 너머의 시선에 감싸일 수 있었던 것이다.

그는 여전히 내가 바뀌면 관계도, 상황도, 인생도 바뀔 수 있다는, 전승이 뚜렷한 겸비함과 자기 부인적 숭고함에 가지런히 정초하고 있다. 하지만 동시에, 그의 목회 현장은 개인의 자기 변화를 자극하고 격려할 만한 '사회적 책임'으로 채워지고 있음을 그 역시 알고 있다. 당신을 받아 주는 따뜻함이 그립다면, 다시 일어날 힘이 필요하다면, 치유하는 복음에 이끌린 이 살아 있는 책을 꼭 펼쳐 읽어 보기 바란다.

정갑신 예수향남교회 담임목사

'25시'라는 표현을 들어 보았는가? '25시'는 루마니아의 작가 게오르규(Constantin Virgil Gheorghiu)의 소설 제목에서 시작된 것으로, 하루 24시간이 지난 시간, 곧 하루가 끝나야 다음 날이 오 듯 이 어려움이 끝나야 새로운 삶이 시작될 텐데 그렇게 되지 않는 데서 오는 절망감, 좌절을 의미한다.

이 어려움은 언제쯤 끝날까? 25시는 끝나지 않는 인생의 고 단함을 보여 주는 시간이다. 우리 중 누군가는 배우자의 변 화를 위해 수십 년을 기도했지만 상대는 좀처럼 변화될 기미 가 없다. 더 이기적으로 굴고 자기 입장만 고수한다. 누군가 는 세 번이나 엄마의 카드빚을 막아 드렸지만 또 다시 카드를 마구 쓰고는 해결해 달라고 하는 엄마의 모습에 힘이 쭉 빠진 다. 처음 몇 번은 엄마의 울먹거림에 가슴이 아팠지만 이제는 그 모습조차 지치고 보기 싫다. 이때마다 인생은 '25시'라고 한 게오르규의 말이 이러한 우리의 심정을 딱 표현하고 있다는 생각이 든다. 이때 우리는 질문하게 된다.

"25시 인생의 탈출구는 없는가?"

나는 경제적, 관계적, 내면적으로 굉장히 어려운 삶을 살았다. 어렸을 적 부모님 심부름은 이웃집에 돈을 빌리러 가는 일이었고, 두 분은 심하게 다투셨다. 가정 폭력도 심했고, 좋은 옷 한 벌을 사서 입어 본 기억도 없다. 아버지와의 관계는 사춘기로 접어들 무렵 최악으로 치달았다. 나는 내 25시와 같은 인생의 탈출구를 찾고 싶었다. 그럴수록 마음은 병들었다. 고3 수능 100일을 앞두고 심한 우울증으로 힘겨운 시간을 보내야 했다. 원하는 대학에 들어갔지만, 살 소망이 없어서 기숙사에서 하루 종일 잠을 자거나 만화 책방에 가서 시간을 보냈다. 내면은 열등감과 분노로 가득했다. 내 아픔과 슬픔을 자주 생각하다 보니 내 안의 죄성, 즉 자기중심성에 사로잡혔다. 그래서 사람들이, 모임이, 아니 세상이 '나' 중심으로 돌아가지 않으면 비판적 혹은 비협조적인 사람으로 돌변했다.

한때 나는 집만 나가면 25시 인생은 끝날 거라고 믿었다. 원하는 대학만 가면 불행 끝, 행복 시작이 펼쳐질 것이라고 생각했다. 꿈꾸던 직업만 갖게 되면 상황은 달라질 것이라고 확신했다. 즉, 상황이 변하면 들끓는 분노와 열등감, 내가 직면한 문제들이 해결될 것이라고 기대했다. 당신은 어떤가? 결혼만

하면, 공무원 시험만 합격하면 불행 끝, 행복 시작이라고 생각하지 않는가?

머칠 전 한 청년이 임용 고시에 합격했다며 소식을 알려 왔다. 나 역시 그가 2년 동안 마음고생하며 공부했던 과정을 곁에서 지켜봤기에 함께 기뻐했다. 한 5분 정도 축하의 말을 건네다 보니 마음이 차분해지면서 앞으로 그가 마주할 현실적 어려움들이 생각났다. 그래서 이렇게 말해 줬다.

"○○아, 오늘이 교직 생활 중에 제일 기쁜 날일 테니 마음껏 누리렴."

내 말은 불과 며칠 만에 현실이 됐다. 그가 절대 가고 싶지 않다고 말한 지역으로 발령이 난 것이다. 게다가 교사의 역할 외에도 보건, 다문화 등 낯선 업무들을 병행해야 했다. 몇 주 뒤 교회 로비에서 만난 그에게 물었다.

"요즘 어때?"

"목사님, 울고 싶어요."

영어로 대학 졸업을 '커멘스먼트'(Commencement)라고 한다. 굉장히 독특한 단어인데, '졸업식'이라는 뜻과 함께 '새로운 시작'이라는 의미를 포함하고 있다. 인생을 압축해서 보여 주는 단어가 아닐까? 우리는 졸업만 하면, 다니고 있는 학교만 벗어나면 자유와 즐거움을 만끽할 것이라고 기대한다. 하지만 진짜 힘든 싸움은 학교 밖에서 시작된다는 것을 알게 된다.

나는 공공 기관 신우회 다섯 곳에서 정기적으로 설교 사역을 하고 있다. 나는 가끔 그들에게 질문한다.

"여러분 중에 아침에 눈 뜨자마자 '앗싸! 회사 출근이다. 신난다'라고 소리치는 분 있으신가요?"

그때마다 반응은 한결같다. 그들은 큰 소리로 웃는 것으로 대답을 대신한다. 그들 중에는 고위직에 몸담은 이들도 있고, 누구나 오르고 싶은 성공의 정점에 있는 이들도 있다. 그러나 누구에게나 회사 생활은 쉽지 않다. 다시 말한다. 졸업은 끝이 아닌 시작일 뿐이다. 아니, 인생은 늘 이렇다. 동화책이나 디즈니 만화 끝에 클리셰(cliché) 수준으로 등장하는 관용어구, "그리고 모두 행복하게 살았답니다"는 현실 어디에도 없다. 물론 우리는 한동안 순진하게 이 말을 믿어 보려고 한다. 그러나 꿈에 그리던 목표를 이루거나 원하는 것을 얻고 나면 고생 끝에 낙이 오는 것이 아니라 더 복잡하고 어려운 문제, 더 많은 책임감을 마주 대하게 된다. 그때 우리는 자신을 향해 말한다.

"기대가 없으면 실망도 없어."

"난 아무것도 기대하지 않아."

우리는 더 좋은 상황을 기대하며 노력한다. 그러나 상황은 나아지기 보다는 더 어려워질 때가 많다.

당신은 어떠한가? 성실하게 일했지만 후배 기수에게 승진에서 밀렸는가? 교회 혹은 회사 안에서 좋은 관계를 기대했지만 실망만 더 하고 있는 것은 아닌가? 배우자의 변화를 위해 오랜 기간 기도하고 노력했지만 여전히 제멋대로인 상대를 보며 쓴 침을 삼키고 있지는 않은가? 그렇다면 당신에게 내가 배운 것을 꼭 말해 주고 싶다. 상황은 대부분 내가 통제할 수 없다. 그러나 상황에 대한 반응은 통제할 수 있다. 이 부분을 조금 더 설명하자면, 우리는 자신의 미래를 통제할 수 없다. 우리의 자녀조차 통제할 수 없다. 아니, 1분 후에 일어날 일도 통제는커녕 예측할 수 없다. 그러나 그 상황 가운데 나의 반응 혹은 태도는 통제할 수 있다.

모세가 가나안으로 열두 명의 정탐꾼을 보냈다. 그들이 돌아와 자신들이 보고 온 것을 보고했는데, 열 명은 가나안 땅을 악평했다. 그곳에는 크고 강한 민족이 살고 있는데, 자신들은 그들 앞에 메뚜기 같다고 말했다(민 13:33). 반면 여호수아와 갈렙은 똑같은 조건의 땅을 이렇게 평가했다.

"여호와께서 우리를 기뻐하시면 우리를 그 땅으로 인도하여 들이시고 그 땅을 우리에게 주시리라 이는 과연 젖과 꿀이 흐르는 땅이니라 다만 여호와를 거역하지는 말라 또 그 땅 백성을 두려워하지 말라 그들은 우리의 먹이라 그들의 보호자는 그들에게서 떠났고 여호와는 우리와 함께하시느니라 그들을 두려워하지 말라"(민 14:8-9).

한마디로 '그들은 우리의 밥'이라고 말했다. 정탐꾼들은 같은 조건의 땅을 보고 돌아왔음에도 전혀 다른 반응을 보였다. 우리 역시 마찬가지다. 내가 믿음으로 산다고 해서 상황이 하루아침에 바뀌지 않는다. 이것은 내가 통제할 수 없다. 그러나 그 환경과 상황을 바라보는 내 관점은 바꿀 수 있다. 내 태도는 바꿀 수 있다.

실제적인 예를 하나 들어 보겠다. 나는 아빠로서, 남편으로서의 역할과 정체성을 다시금 점검하고 싶을 때마다 존 드레셔(John M. Drescher)의 《내가 다시 아빠가 된다면》을 펴서 읽곤 한다. 이 책에서 가장 사랑하는 대목을 소개해 본다.

> 내가 다시 아빠가 된다면, … 나는 기도의 방향을 바꾸고 싶다. 과거에는 이런 식으로 기도하곤 했다. "주님, 내 아들이 좋은 아이가 되도록 도와주세요. 그의 태도를 바꿔주세요. 주님, 하나님의 사랑을 두 배나 복용하게 도와주세요. 그리고 우리의 가족관계에서 좀 더 쾌활한 자녀가 되도록 해주세요, 또 순종적인 아이가 되게 도와주세요."

마치 작가가 우리 속에 들어갔다가 나온 것 같지 않은가? 나는 그렇게 느꼈다. 나 역시 첫째 아이에게 이런 것을 원했다.

"하음아, 산책하고 올까?"

"네, 좋아요! 아빠, 엄마랑 같이 산책할 시간을 손꼽아 기다렸어요."

"하음아, 거실 장난감 정리 좀 해 줄래?"

"네, 아빠! 저는 청소가 취미인 걸요!"

"하음아, 동생하고 놀아 줄래?"

"네, 아빠! 이음이하고 노는 것도 또 다른 취미인 걸요! 동생과 놀아 줄 기회를 주셔서 감사드려요."

나는 아이가 이렇게 반응하기를 기대했다. 하지만 아이는 긍정적이고 순종적이기보다는 부정적으로 말하고 이기적으로 군다. 당신은 이런 상황에서 어떻게 반응하는지 궁금하다. 자, 그의 이야기를 계속 읽어 보자.

그리고 아내를 위해서는 하나님이 모든 집안일을 다 잘할 수 있는 힘을 주시도록 기도했다. 아울러 자녀들에게 많은 인내심을 발휘하고 우리 가정을 평안하게 할 아내의 몫을 다 감당하게 해달라고 간구했다. 또한, 바쁜 엄마인 만큼 도움의 손길도 더 보내달라고 기도했다.

사람은 다 똑같은가 보다. 나 역시 이런 바람으로 아내를 바라봤다. 나는 아내보다 체력이 약하고 어려서부터 고생하며 자라서 건강도 좋지 못하니 아내가 알아서 아이들의 양육 및 집안일을 잘 해내길 원했다. 게다가 내가 취약한 상태일 때면 아내가 내게 엄마 같은 역할도 해 주기를 원했다. 물론 그때마다 아내는 말했다.

"나는 당신 엄마가 아니야."

계속 그의 이야기를 읽어 보자.

> 어느 날 저녁 나 홀로 있을 때 문득 이런 기도를 멈춰야겠다는 생각이 떠올랐다 … 그래서 내 기도가 이렇게 바뀌었다. '주님, 나를 함께 살기에 적합한 사람으로 만들어주시고, 주님이 저를 대하듯 사랑과 친절을 베푸는 사람이 되게 하소서.'

맞다. 우리는 함께 살기에 적합한 사람이 아니다. 물론 자기 과몰입 상태에 빠져 살아가는 우리이기에 항상 나의 최선이 보이고 상대의 부족함이 보인다. 그 결과 나보다는 상대 혹은 상황이 문제라고 단정한다. 그러나 객관적으로 자신을 직면해 보면, 우리는 함께 살기에 그렇게 적합한 존재가 아니다. 까다롭고, 예민하고, 자기중심적인 사람이다. 그도 이것을 깨달았던 것 같다. 그래서 그의 기도가 이렇게 바뀌었다.

> 내 본분이 아내를 선하게 만드는 게 아니라 행복하게 만드는 것임을 깨달았을 때 아내를 걱정하는 기도를 그만둔 것이다. 사실 나는 하나님께 아내가 자기 몫을 다 감당하도록 도와달라고 기도하지 말았

어야 했다. 오히려 내가 아내를 도와 그녀의 일을 덜어줄 수 있는 영역을 보게 해달라고 기도했어야 했다. 그래서 지금은 "주님, 나를 열정적이고 행복한 남편다운 남편으로 만들어 주소서"라고 기도하게 되었다. 하나님의 은혜의 손길이 필요한 존재는 바로 나였다는 것을 알았다.

그도 나도, 아니 당신도 '내 옆 사람이 바뀌면 문제는 해결되리라'라고 생각하는 경향이 있다. 남편이 날 대하는 태도가 바뀌면, 아내가 비난을 멈추면, 자식이 순종적이면 인생은 쉽고 행복할 것이라고 생각한다. 그러나 그런 날은 오지 않을뿐더러, 그렇게 기대하는 순간 변화되지 않는 상대의 모습을 매의 눈으로 바라보며 비난 혹은 불평을 내뱉게 될 것이다. 이런 패턴은 상황을 최악으로 만들뿐이다. 변해야 할 것은 상황이 아니다. 그 상황을 성경적으로 해석하고 반응할 당신과 나다.

과거 신학교 학부 철학 교수님께 이런 질문을 했었다.

"교수님, 제가 세워야 할 하나님 나라의 범위를 알고 싶습니다."

교수님은 엉뚱한 질문을 던진 제자를 미소로 바라보고는 한 팔을 앞으로 쭉 내민 뒤 그 자리에서 한 바퀴를 도셨다. 그러고는 말씀하셨다.

"학생, 이 원만큼만 바꾸면 됩니다."

당시 나는 내 가까운 사람들을 변화시키라는 말로 알아들었다. 그러나 이제는 이렇게 해석한다. '한 바퀴를 돌 때 중심축이 되는 '내가' 바뀌는 것이 변화의 시작이다.' 하나님의 관심은 바로 당신이다. 당신을 통해 세상을 변화시키기를 원하신다.

나는 이 책을 통해 당신이 상황이나 주변 사람이 아니라 자신이 바뀌는 것에 관심을 두는 사람으로 성장하기를 바란다. 물론 이 여정을 걷는 가운데 삶은 여전히 쉽지 않고 무거울 것이다. 그러나 기억하라. 25시와 같이 고단한 인생이지만, 그 25시도 하나님께 속해 있다. 하나님이 그 시간과 상황 가운데 여전히 통치자이시다. 하나님은 당신에게 변하라고 하고는 방치하시는 분이 아니다. 그분은 그 상황 가운데 개입하시고 피할 길을 내신다. 감당할 전략과 도움의 손길을 보내 주신다. 아마 당신이 이 책을 읽다 보면 곳곳에 함께하고 역사하시는 하나님의 일하심을 보게 될 것이다. 부디 이 책을 통해 당신을 변화시켜 가는 하나님의 신실하심을 발견하기를, 당신의 삶 가운데 역사하시는 하나님의 능력과 사랑을 발견하기를 바란다.

2023년 10월
정통령

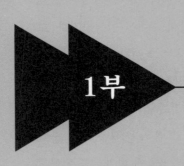

1부

○○○　○○
부족함을 발견하는 시간

사랑은 용서의 품에서

단단해진다

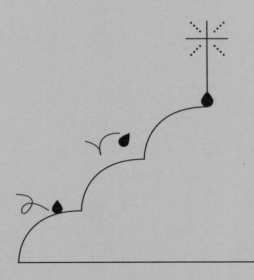

하나님을 어떻게 인식하는가

20대 초반, 나는 백마 탄 왕자를 기다리는 공주처럼 살았다. 왕자가 내 삶에 개입하는 순간 모든 문제가 해결될 것이라고 믿었다. 열등감, 자기연민, 질투, 냉랭한 마음, 분노, 서툰 관계 등, 왕자는 내가 짊어지고 있는 인생의 문제를 해결해 줄 의무가 있다고 생각했다. 당신도 그렇지 않은가? 왕자가 나를 사랑한다면 관계의 문제를 해결해 줘야 한다. 내가 만족할만한 수준의 직장에 입사할 수 있도록 인도해 줘야 한다. 더는 우울감을 느끼지 않게 해 줘야 한다. 그러나 왕자는 내가 기대하는 극적인 방식으로 내 삶에 개입하지 않았다.

실망과 분노 속에서 나는 왕자와 담판을 지어야겠다고 생각했고, 산 기도를 시작했다. 하루도 빠짐없이 밤이면 작은 동산에 올라가 기도했다. 그러나 어떤 변화도 없었다. 하루는 속이 상해 따지듯 말했다.

"하나님, 이 정도 기도했으면 제 앞에 나타나서 제가 힘들게 살아야 하는 이유라도 말씀해 주셔야 하는 거 아닙니까?"

나는 나를 이 지긋지긋한 상황에 그대로 방치해 두시는 하나님을 이해할 수 없었다.

당시 나는 이 질문에 대한 해답을 찾고자 방황했었다. 그러다가 C. S. 루이스(Lewis)의 《고통의 문제》(홍성사 역간)를 발견했다. 물론 책의 내용이 당시 내 수준으로 읽기에는 너무 어려워 고통만 더해졌지만. 물론 얻은 유익도 있었다. 책 표지에 이런 글귀가 있었는데, 당시 내가 하나님께 하고 싶은 질문이었다.

하나님이 선하고 전능한 존재라면, 왜 자신의 피조물들이 고통을 당하도록 허락하시는가?

루이스와 관련된 글들을 읽으며 훗날 알게 된 것은, 그의 이 질문은 실존적 고백이었다는 점이다. 그는 사랑했던 아내 '조이'를 암으로 먼저 떠나보낸 뒤 다음과 같은 글을 썼다.

행복할 때, 너무 행복해서 (하나님이) 필요함을 느끼지 못할 때, … 그분을 기억하고 감사와 찬송으로 그분께 나아가면 두 팔을 벌려 환영해 주실 것이다. … 하지만 다른 모든 도움이 소용이 없어서 그분의

도움이 절박할 때 찾아가면 어떻게 될까? 면전에서 문이 쾅 닫히고 안에서 빗장을 지르고 또 한번 지르는 소리가 날 것이다. 그 후에는 침묵만 흐를 것이다.[2]

공감되지 않는가? 그는 결코 하나님을 떠나지 않았다. 그러나 그는 당시 하나님이 자신을 실망시키셨다는 감정을 절절히 느끼고 있었다. 나 역시 그랬다. 그래서 나를 실망시키신 이유를 듣고 싶었다. 그렇게 해서라도 하나님을 향한 신앙의 끈을 유지하고 싶었다. 물론 하나님은 아무 대답이 없으셨다.

"그렇다면 좋습니다. 오늘 자정까지 제 눈앞에 나타나지 않으시면 더는 하나님을 믿지 않겠습니다."

나는 하늘을 응시하며 기다렸다. 그런데 자정이 가까워질수록 초조한 건 나였다. 혹시 하나님이 나를 버리실까 봐 두려웠다. 혹시 당신도 하나님이 당신에게 실망하면 당신을 떠나실 것으로 생각하는가? 당신이 잘못하면 험상궂은 얼굴을 하고 정색하실 것으로 생각하는가? 이것은 매우 중요한 질문이다. 당신이 하나님을 어떻게 인식하고 있느냐에 따라 앞으로 당신이 하나님과 맺는 관계가 달라질 것이기 때문이다.

'용서함'은 '용서 받음'을 필요로 한다

한편, 당신이 하나님을 어떻게 느끼고 있는가 하는 지점은 당신이 과거에 경험한 부모 혹은 권위자들과의 관계를 점검해 볼 기회이다. 한 예로, 한 남성이 예수님을 믿게 됐다. 하루는 목사님이 하나님에 대해 설교했는데, 하나님을 '아버지'라고 했다. 그는 예배 후에 목사님을 찾아가 정색하며 말했다.

"저는 그런 하나님은 믿지 않겠습니다."

목사님이 그의 손을 붙잡고 말했다.

"혹시 그 이유를 물어봐도 될까요?"

남자는 자기 아버지의 이야기를 꺼냈다. 그의 아버지는 술만 먹으면 동생과 자신을 때렸는데, 추운 겨울에 다 발가벗겨 내쫓기까지 했다고 한다. 그때마다 이웃집 아저씨가 아버지 몰래 형제를 데려다가 씻기고 옷을 입힌 후 잠을 재워 줬다고 한다. 이야기를 쭉 듣던 목사님은 이렇게 처방을 내렸다.

"형제님, 앞으로 하나님을 '아버지'라고 부르지 말고 '아저씨'라고 부르세요."

그는 한동안 하나님을 '아저씨'라고 불렀다고 한다.

이런 사례가 어디 이 남성뿐일까? 마땅히 하나님의 사랑을 보여 줘야 할 부모로부터 사랑받지 못했을 때, 우리는 같은 '아버지'라는 이름을 가진 하나님을 오해한다. 나 역시 그랬다. 아버지와의 관계가 좋지 못했다. 어린 시절 내가 살던 집은 방이 한 칸이었는데, 부모님은 내 앞에서 자주 다투셨고, 아버지는 화가 나면 매우 폭력적으로 돌변하셨다. 게다가 가끔은 두 분의 다툼에 나와 동생을 개입시키셨다.

"통령아, 엄마 따라갈래, 아빠 따라갈래?"

이 말이 아이가 자기 존재에 뿌리를 내리는 데 얼마나 큰 방해가 되는지 두 분은 몰랐기에 그렇게 하셨겠지만, 당시 나는 늘 불안했다. 게다가 아버지는 내 작은 실수에도 불같이 화를 내셨다. 무언가 찾아오라고 했을 때 빠르게 찾지 못하면 항상 달려와 머리를 쥐어박으며 "굼벵이를 삶아 먹었냐?"라고 핀잔을 주셨다. 이후 지금까지도 나는 누군가가 무언가를 찾아 달라고 부탁하면 머릿속이 하얘지는 현상을 겪고 있다.

물론, 과거 내 아버지의 나이가 된 지금의 나는 어느 정도 아버지의 삶과 마음을 이해한다. 미안해하시는 그 마음에 감사한다. 하지만 10대였던 나는 아버지를 증오했다. 그리고 아버지를 향한 증오는 같은 이름을 가진 하나님 아버지와의 관계에도 영향을 미쳤다. 당시 나는 하나님을 오해했다.

'내가 잘못하면 가혹하게 징계하시는 하나님 아버지.'

'내가 실수하면 비난하시는 하나님 아버지.'

'내가 필요할 때는 외면하고 책임져 주지 않으시는 하나님 아버지.'

산 기도를 하던 그날도 하나님이 날 버리실지 모른다는 생각이 들었다. 그래서 나는 급히 한 가지를 추가 제안했다.

"하나님, 제가 너무 갑작스럽게 말한 것 같습니다. 내일까지 시간을 드릴 테니 생각해 보고 결정해 주세요."

물론, 나는 다음 날 기도하러 가지 않았다. 거절당할까 봐, 버림받을까 봐 두려웠다. 그나마 하던 기도도 중단하니 불안하고 답답해서 견딜 수가 없었다. 그래서 나는 다시 하나님의 개입을 요청하기로 마음먹었다. 그날, 나는 더 깊은 산으로 들어갔다. 어떻게든 하나님의 마음을 움직여서 내 삶을 바꾸고 싶었다. 비장한 마음으로 눈을 감았다. 그런데 가을 나뭇잎이 바람에 흔들리는 소리가 너무 섬뜩하게 느껴졌다. 무서움을 이겨 보려고 정신없이 기도했다. 그렇게 몇 시간이 지났을까? 하나님이 처음으로 내 마음에 말을 걸어 오셨다(음성이 아니라 떠오르는 생각).

"통령아, 아빠를 용서해라."

하나님은 나를 싫어하시는 것이 분명하다. 내가 듣고 싶은 말은 따로 있었다.

"통령아, 힘들었지? 걱정하지 마. 앞으로 네 인생은 내가 잘 되게 해 줄 거야."

이 한마디를 해 주시는 게 그렇게 어려운가?

"하나님, 아빠가 우리 가족에게 얼마나 큰 상처를 주었는지 알면서 그렇게 말씀하십니까?"

하나님은 거듭 말씀하셨다.

"아빠를 용서해라."

나는 그 시간을 모면하고 싶었다. 그래서 그렇게 하겠다고 했다. 물론, 절대 그렇게 할 마음은 없었다. 하지만 하나님은 중심을 아시는 분이다(삼상 16:7). 하나님은 아빠에게 사랑한다고 문자를 보내라는 감동을 주셨다.

"아빠, 사……."

도저히 '랑'을 쓸 수 없었다. 몇 번을 망설이다가 순종하는 마음으로 "아빠, 사랑해요"라는 짧은 문자를 보냈다. 그러자 아빠로부터 즉시 답문이 왔다.

"아들아, 힘들지? 우리 조금만 더 견디자!"

기억이 희미한 어린 시절을 제외하고 처음으로 아빠와 마음을 나눴다. 혹시 당신도 과거의 나처럼 누군가로부터 받은 상처와 말에 묶여 있는가? 그가 내뱉은 말을 곱씹느라 '용서'에 관한 성경의 가르침을 생각해 볼 여유조차 없는가? 아니, 당신도 노력하고 있을 것이다. 과거에 한 청년이 내게 이렇게 말했다.

"목사님, 제게 상처를 준 사람을 용서하기 위해 다양한 시도를 했습니다. 그의 행동을 이해해 보려고 '그가 미성숙해서 그렇게 했겠지'라고 생각도 해 봤습니다. 그런데 오히려 더 화가 나고, 당시 상황이 생생히 떠오릅니다."

우리도 알고 있다. 내게 잘못한 사람을 용서해야 한다는 것을. 회복을 원한다면, 더 나은 미래를 원한다면 상처에 묶인 과거를 풀어야 한다는 것을. 그런데 이게 쉽지 않기에 여전히 많은 이가 고통 속에서 신음하는 것이 아닐까? 이런 우리를 향한 성경의 해법을 소개한다.

> "우리가 우리에게 죄지은 자를 사하여 준 것같이 우리 죄를 사하여 주시옵고"(마 6:12).

우리는 이 구절을 마치 내가 누군가를 용서하면 하나님도 나를 용서해 주신다는 조건으로 이해하는데, 고대어에 능한 요아킴 예레미아스(Joachim Jeremias)에 따르면, 이 구절은 '우리가 하나님께 우리 죄를 용서받은 것처럼 우리도 우리에게 죄지은 자를 용서하며 살겠습니다'라는 의미이다. 즉, 용서받은 자가 용서할 수 있다는 전제가 깔려 있다. 이렇게 표현할 수 있을 것이다.

'우리가 용서받았다는 사실을 깊이 이해할 때 누군가를 용서할 힘이 생긴다.'

'우리가 사랑받는 존재라는 사실을 깊이 이해할 때 다른 이도 사랑할 힘이 생긴다.'

혹시 누군가를 용서하고 사랑해 보려고 분투하고 있는가? 그렇다면 먼저 하나님 앞에 나아가 그분의 사랑과 용서를 충분히 누리라고 권하고 싶다. 상대를 향한 용서는 그다음 문제다. 나 역시 그랬다.

'하나님이 나를 외면하신 것이 아니었구나! 나와 함께하셨구나!'

그제서야 그동안의 서운한 감정이 눈 녹듯이 사라졌다. 외로움은 충만함으로 대체되었다.

혹시 당신도 나와 같은 마음으로 괴로워하고 있지는 않은가? 계속 그 마음에 머물지 말고 말씀을 붙들라고 권하고 싶다. 하나님은 우리와 함께 계신다. 예수님은 당신과 함께하기 위해 이 땅에 오셨다! 나 역시 이것을 나의 이야기로 받아들인 후 기도 생활이 달라졌다.

하루는 기도 중 성령께서 이렇게 내 마음을 감동하셨다.

"통령아, 난 너를 사랑해!"

나는 반문했다.

"저는 하나님을 위해 아무런 실적도 쌓지 못했는데요?"

순간, 도서관에서 잠시 읽었던 책의 한 문장이 생각났다.

"통령아, 나는 존재 자체로 너를 사랑해."

그때 떠올랐던 성경 구절이 로마서 5장 8절이다.

"우리가 아직 죄인 되었을 때에 그리스도께서 우리를 위하여 죽으심으로 하나님께서 우리에 대한 자기의 사랑을 확증하셨느니라."

철학자 요제프 피퍼(Josef Pieper)는 사랑의 뿌리에 '네가 존재해서 좋아, 네가 이 세상에 있어서 좋아!'라는 인정이 있다고 말했다. [3] 하나님이 당신과 내게 그렇게 하셨다. 우리가 아직 죄인이었을 때, 우리가 회개하기도 전에 예수님은 우리의 죄를 대신 짊어지고 십자가를 감당하셨다. 우리를 용서하셨다.

십자가, 우리의 가치를 매기신 자리

며칠 전, 우편배달부라는 별명으로 알려진 칼 말론(Karl Malone)이 NBA의 전설 마이클 조던(Michael Jordan)의 친필 사인이 담긴 유니폼을 경매에 붙여 40억 원을 벌었다는 기사를 보았다. 이 유니폼은 1992년 바르셀로나 올림픽 당시 조던이 입었던 옷이다. 만약 내게 이 유니폼을 사라고 했다면 1만 원 정도의 가치를 매겼을 것이다. 농구를 좋아하지 않는 내게 조던의 유니폼은 아무 의미가 없다. 그러나 누군가에게 조던의 유니폼은 40억 원의 가치가 있다.

이 관점으로 십자가를 보라. 십자가는 우리의 가치가 매겨진 자리다. 하나님께서 당신의 아들의 생명을 내어 주기까지 우리를 사랑하신 자리, 우리의 가치를 매기신 자리다. 그러므로 십자가는 날마다 우리에게 말한다.

"네가 존재해서 좋아. 네가 이 세상에 있어서 좋아."

잠시 두 눈을 감고 당신을 향한 하나님의 사랑 고백에 귀를 기울여 보라.

20대 초반, 나 역시 이것을 나의 이야기로 받아들였다. 순간 꽁꽁 얼어붙어 있던 마음에 따뜻한 생기가 돌기 시작했고, 두 눈에서는 끊임없이 눈물이 나왔다.

"아, 나는 사랑받는 존재였구나!"

나는 너무 기쁜 나머지 밖에 나가 사람들에게 말했다.

"날 사랑하는 예수님이 당신도 사랑하십니다."

당시 나는 열등감 덩어리였다. 외모에 대한 콤플렉스가 심했고, 특히 코가 못생겼다고 생각해서 두 손으로 코를 가리고 말하는 버릇이 있었는데, 이런 내가 사람들 앞에 나섰다는 것 자체가 개인적으로 기적이었다.

내가 외모, 특히 코에 콤플렉스를 가졌던 이유를 생각해 봤다. 내게 중요하다고 생각했던 친구가 무심코 한 말이 시작점이었다.

"통령아, 너는 코끝이 두 갈래로 갈라져 있고, 콧대도 너무

낮아!"

당시 건강한 자아상을 형성하지 못했던 나였기에 친구의 말은 내게 큰 영향을 미쳤다. 이후 나는 친구의 말을 그대로 수용했고, '나는 못생겼다'라는 신념을 갖게 되었다. 혹시 당신도 누군가의 말을 그대로 수용한 채 비합리적 신념에 사로잡혀 자신을 괴롭히고 있지는 않은가?

'REBT(Rational Emotive Behavior Therapy)이론'이라는 것이 있다. 우리말로 하면 '합리적 정서행동치료'인데, 이론을 만든 알버트 엘리스(Albert Ellis)는, 사람들이 힘들게 사는 이유는 잘못된 신념을 받아들였기 때문이라고 말한다. 그가 말한 비합리적 신념 중 하나를 소개하면 다음과 같다.

"나는 반드시 주위 모든 사람들로부터 사랑과 인정을 받아야 한다."[4]

이런 신념으로 살면 반드시 불행할 수밖에 없다. 내 주위에 100명이 있을 경우 그중 10명은 나를 좋아하고, 나머지 87명은 내가 뭘 하든지 크게 관심이 없고, 나머지 3명 정도가 내가 뭘 하든지 싫어하면 잘 사는 것이다. 그런데 모두 나를 좋아해야 한다는 잘못된 신념을 갖게 되면 늘 상대에게 맞춰 주다가 하나님이 본래 디자인하신 자기 모습으로 살지 못하고 기뻠을 상실한 채 살게 된다.

기억하라. 우리는 복음의 가치로 살아야지, 상대가 원하는 대로 살도록 부름 받은 존재가 아니다. 게다가 모든 사람이 나를 인정하고 사랑하는 날은 절대 오지 않을 것이므로, 그런 상태 혹은 그런 날을 위해 분투하며 살아간다면 늘 좌절을 맛보게 될 것이다.

알버트 엘리스는 사람을 불행하게 하는 이 잘못된 신념에 대해 '논박'하라고 제안한다. 이를테면, '모든 사람이 나를 좋아해야 한다'는 명제를 '모든 사람이 다 나를 좋아할 수는 없다'로 바꾸는 것이다. 그는 상당 기간 바꾼 명제를 눈에 잘 보이는 곳에 써 놓고 읽으라고 말한다.

나는 이것을 신앙에 적용해서 실천해 보았다. 경험을 통해, 누군가의 말을 통해 형성된 나의 비합리적 신념을 하나님의 말씀으로 대체해 버리는 것이다. 당시 나는 하나님이 창조하신 내 고유함을 기뻐하지 못한 채 '내 코는 못생겼어'라는 비합리적 신념에 사로잡혀 스스로를 괴롭히고 있었다. 그런데 예수님은 내가 아직 죄인 되었을 때에 나를 사랑하셨고, 나를 위해 십자가를 감당하셨다. 이것이 깨달아지면서 내 비합리적 신념을 '나는 사랑받는 존재'라는 성경적 가치로 대체할 수 있었다.

성경은 당신을 향해 이렇게 선언한다.

"우리는 그가 만드신 바라 그리스도 예수 안에서 선한 일을 위하여 지으심을 받은 자니"(엡 2:10).

여기 '만들다'라는 단어는 '작품', '시'를 뜻하는 헬라어 '포이에마'(ποίημα)이다. 작품은 딱 하나밖에 없다. 하나님이 우리를 바라보시는 관점이 이것이다. 이 세상에 딱 하나밖에 없는 존재, 하나님이 심혈을 기울여 창조하신 작품! 이 말이 어떤 의미인지 생생하게 느껴지는가? 장로회신학대학교에서 상담을 가르치고 있는 이상억 교수의 말이 이해에 도움이 될 것이다. 그는 그의 책 《꽃보다 아름다운 사람 이야기》(생명의말씀사)에서 '아름답다'라는 말의 어원을 이렇게 소개한다.

> 15세기 우리 고어에 "나"를 지칭하는 말로 "아름"이라는 낱말이 있다. 그래서 아름답다는 말은 "나 답다" "나 스럽다"는 말이다.[5]

나답게 사는 삶이 아름다운 것이다. 나는 하나님의 작품이기 때문이다. 그러니 주위를 두리번거리면서 사랑받기 위해 살지 마라. 하나님은 나라는 존재 자체를 충분히 기뻐하고 사랑하신다. 하나님은 나를 누리신다.

당시 하나님이 존재 자체로 나를 사랑한다고 하셨을 때 누군가가 나 자체를 온전히 기뻐하고 사랑해 주는 느낌이 무엇인지를 알게 되었다. 이날 이후 나는 하나님과 깊은 사랑에 빠졌다. 새벽 기도를 마치고 집으로 돌아가는 추운 겨울, 우연히 어두운 하늘의 밝게 빛나는 별을 보는데 하나님께서 나를 사랑한다고 하시는 것 같았다. 감격과 기쁨의 마음을 표현할 길이 없어 평상시 어렴풋하게 알고 있던 윤형주 씨의 〈두 개의 작은 별〉 가사를 바꿔 불렀다.

"저 별은 나의 별, 저 별은 하나님의 별."

당시 방학 기간이었기에 잠에서 깬 직후부터 잠들기 직전까지 밥 먹고 잠시 쉬는 것 외에는 찬양하고 기도하고 책을 읽으며 행복한 예수님과의 시간을 보냈다. 이때 발견한 몇 개의 성경 구절을 소개해 본다.

"내가 너를 내 손바닥에 새겼고 너의 성벽이 항상 내 앞에 있나니"(사 49:16).

이스라엘 백성은 말했다.

"하나님, 왜 우리를 잊으셨습니까?"

이에 대한 하나님의 답변이 가슴 절절하다.

"나는 너를 잊지 않기 위해 내 손바닥에 네 이름을 새겼다."

요즘 연인들이 서로의 사랑이 영원하기를 바라며 상대의 이름 이니셜을 타투로 새긴다고 한다. 물론 이렇게 하고 헤어지는 이들이 부지기수일 것이다. 그러나 하나님은 다르시다. 당신의 이름은 하나님의 손바닥에 새겨져 있다. 그 누구도 하나님의 손바닥에 새겨진 당신의 이름을 지울 수 없다. 즉, 당신을 향한 하나님의 관심과 사랑은 절대 줄어들지 않는다.

"너의 하나님 여호와가 너의 가운데에 계시니 … 그가 너로 말미암아 기쁨을 이기지 못하시며 너를 잠잠히 사랑하시며 너로 말미암아 즐거이 부르며 기뻐하시리라"(습 3:17).

하나님은 당신으로 인해 기쁨을 이기지 못하신다. 이 개념은 성과 중심으로 사람을 대하는 이 시대의 틈바구니에서 살아가고 있는 우리에게 익숙하지 않다. 물론 부모가 되어 보니 이 말을 아주 조금은 알 것 같다. 곤히 자는 어린 자녀를 보면 (전제 조건은 자고 있을 때다) 견딜 수 없을 만큼 사랑스러워서 충동적으로 볼 뽀뽀를 해 준다. 아이가 나를 위해 한 것이 아무것도 없는데도 말이다. 아마 이 감정이 우리를 보며 기쁨을 이기지 못하시는 하나님의 심정의 작은 조각이 아닐까?

게다가 하나님은 당신을 바라보며 즐거이 노래 부르시는 분이다. 지인 중에 장거리 연애를 하다가 결혼에 골인한 형제가 있다. 그는 자매에게 매일 기타를 치며 노래를 불러 줬다. 최근 그 형제에게 물었다.

"요즘도 자매에게 기타를 치며 노래를 불러 주나요?"

안 불러 준단다. 이제 내 여자가 됐다, 이거다. 기억하라. 내 남편은 노래 부르다가 안 불러 줘도, 하나님은 변함없이 나를 보며 노래를 부르시는 분이다. 우리는 이 놀라운 하나님의 사랑에 어떻게 반응해야 할까? 그 사랑에 어떻게 보답하는 삶을 살아야 할까? 노리치의 줄리안(Julian of Norwich)의 말이 힌트가 된다.

하나님께 가장 큰 영광을 돌리는 방법은 우리를 향한 하나님의 사랑을 알기 때문에 우리가 기쁘게 살아가는 것이다.[6]

하나님이 가장 보고 싶어 하시는 모습은, 우리가 하나님이 우리를 얼마나 사랑하시는지를 깨닫고 웃는 모습이다. 그 사랑을 기쁨으로 누리며 사는 모습이다. 이것을 누리며 사는 사람만이 용서할 힘이 있다. 하나님은 당신을 위해 아무것도 한 것이 없으면서 용서를 강요하시는 분이 아니다. 당신을 용서하고 얻기 위해 하나뿐인 아들을 희생하신 분이다. 당신을 자녀 삼은 것이 너무 기쁘고 즐거워 노래를 부르시는 분이다. 당신이 이 사랑을 깊이 경험하기를 소망한다.

물론 당신이 하나님의 사랑을 깊이 경험하고 당신에게 상처 입힌 사람을 용서한다고 해도 그가 변화될지는 불확실하다. 그러나 그를 대하는 당신의 태도 혹은 마음은 변할 것이다.

당신이 사람들과 맺는 관계 방식도 긍정적으로 바뀔 것이다. 더욱이 아버지 하나님과 맺는 관계에 깊이가 더해질 것이다.

부디 당신이 당신을 향한 하나님의 절대적이고 영원한 사랑에 눈뜨기를 바란다. 당신이 얼마나 가치 있는 존재인지 깨닫기를 바란다. 이 과정에서 당신이 용서의 사람으로 건강하게 서기를 소망한다.

기도

하나님, 저는 용서에 대해 양가감정을 느낍니다. 제게 용서가 필요할 때는 은혜의 단어이지만, 제가 누군가를 용서해야 할 상황이 되면 이것은 제 귀에 거슬리고 마음을 괴롭게 하는 단어로 돌변합니다.

물론 알고는 있습니다. 내게 잘못한 사람을 용서해야 한다는 것을요. 회복을 원한다면, 더 나은 미래를 원한다면 상처에 묶인 과거를 풀어야 한다는 것을요. 그래서 제게 상처를 준 사람을 용서하기 위한 다양한 시도를 해 왔습니다. 그의 행동을 이해해 보려고 '그가 미성숙해서 그렇게 했겠지'라고 생각도 해 봤습니다. 그런데 오히려 더 화가 나고, 당시 상황이 생생히 떠오릅니다. 그가 아무 일도 없었다는 듯이 행동하거나 누군가와 웃고 있는 모습을 목격할 때면 속이 뒤틀리는 것 같습니다.

하나님, 제 안에 누군가를 용서하고 용납할 자원이 없음을 인정합니다. 이제는 안간힘을 쓰며 상대를 용서하려고 했던 애씀을 내려놓고 하나님께로 나아가겠습니다. 나를 사랑하여 당신의 손바닥에 내 이름을 새기신 하나님. 내 존재를 바라보는 것만으로 기쁨을 이기지 못하시는 하나님. 나를 생각할 때마다 즐거이 노래를 부르시는 하나님. 하나뿐인 아들 예수님을 십자가에 내어 줄 정도로 나를 가치 있게 여기시는 하나님. 나와 함께하시는 하나님.

어린아이가 부모 앞에서 안심하며 있는 그대로의 모습을 내보이듯, 부모가 자신을 기뻐한다는 확신 가운데 즐거워 뛰놀듯, 저도 하나님 앞에 그렇게 살겠습니다. 더는 과거에 받은 상처가 만들어 낸 자아상 혹은 왜곡된 신념에 사로잡혀 살지 않겠습니다. 복음을 붙들고 저 자신을 향해 하나님이 나를 어떻게 사랑하시는 분인지를 선포하겠습니다. 악을 선으로 바꾸시는 하나님을 신뢰하며, 결국 심판하시는 하나님께 제 억울함과 아픔을 맡기겠습니다. 그리고 용서받은 자, 사랑받은 자가 낼 수 있는 사랑과 용서의 삶을 제게 주어진 시간 속에서 살아 내길 소망합니다.

예수님의 이름으로 기도합니다. 아멘.

생각 나눔

1. 다음 문장을 다섯 번 외쳐 보자.

   "하나님은 나를 아무 조건 없이 사랑하신다."

   당신은 이 문장이 100퍼센트 받아들여지는가?

2. 하나님의 사랑을 온전히 받아들이기 어렵게 만드는 과거의 경험,
   신념, 관계가 있는가? 왜 그렇게 생각하는가?

3. 우리를 향한 하나님의 사랑을 표현한 아래 성경 구절을 찾아 적은
   후 느낀 점을 나누어 보라.

   - 이사야 49장 16절

   - 스바냐 3장 17절

정죄의 거울은

언제나 나를 비춘다

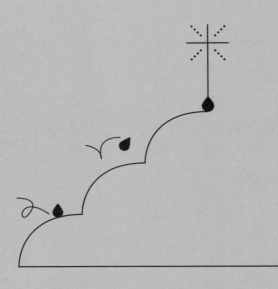

나를 어렵게 하는 사람이 나를 성장시킨다

"뭐 저런 애가 다 있지?"

한 교회에 교역자로 부임해서 만난 찬양 인도자를 향한 내 솔직한 마음이었다. 당시 나는 청소년 공동체 사역자였는데, 찬양 인도자의 행동을 이해할 수 없어 무척 힘들었다. 그는 찬양 중간중간에 불필요한 자기 간증을 너무 많이 했다. 계획된 1시간 중 45분을 사용했다. 10시 전에 예배를 마쳐야 했던 나로서는 늘 쫓기는 기분으로 설교해야 했다. 게다가 그는 공동체 기도 시간마다 큰 목소리로 이렇게 기도했다.

"하나님, 저 어린 사역자를 불쌍히 여겨 주세요. 많이 부족합니다."

솔직히 나도 내가 부족하다는 것을 안다. 그러나 누군가의 입을 통해 듣는 지적은 그렇게 유쾌하지도, 그것이 마음으로 받아들여지지도 않았다. 그는 기도가 절정에 다다를 때쯤 항상 내게 다가와서 내 허락도 없이 내 몸에 손을 대고 기도했다. 그때마다 마치 내 권위를 무시하는 것같이 느껴졌다. 그런 그가 나는 싫었다. 그와 눈도 마주치고 싶지 않았다.

하나님은 이런 내 마음을 얼마나 잘 아시는지, 하루는 매주 토요일마다 했던 공동체 기도 모임에 그와 나를 제외하고는 아무도 오지 않는 상황을 연출하셨다. 이때 느껴지는 복잡 미묘한 심정을 아는가? 불편하고 싫은 사람과 단둘이 한 공간에서 마주 봐야 하는 어려움을 아는가? 오늘은 사람이 적으니 모임을 파하자고 말하고 싶었으나, 사역자의 양심이 발동했다. 기도회는 시작되었고, 나는 하나님께 따지듯 물었다.

"하나님, 도대체 저 녀석은 뭡니까? 어린놈이 너무 건방집니다."

순간 한 가지 장면이 연상되었다. 내가 중학교 1학년 때 담당 사역자에게 교만하게 굴었던 장면, 가르치려 들었던 장면이었다. 한번은 수련회 장소로 출발하는 기차역 개찰구 앞에서 제멋대로 행동하는 나를 참다 참다 못해 폭발한 여 전도사님이 펑펑 울면서 이렇게 말했다.

"정통령, 너 나중에 목사 되고 싶다고 했지? 너하고 똑같은 성도 만나면 지금 내 심정을 이해하게 될 거야!"

나는 순간 깨달았다.

'아, 저 아이는 바로 나구나. 그의 교만이 내 교만이었구나.'

나는 하나님 앞에 펑펑 울며 내 교만을 회개했다. 그리고 잠시 후, 그가 내게 다가와 나를 위해 기도해 주고 싶다고 했다.

'아! 올 게 왔구나!'

이미 그의 문제가 아니라 내 교만이 문제임을 깨달은 상태였기에, 나는 그에게 그러라고 했다.

보라. 진짜 문제는 은혜 없는 내 메마른 마음과 눈이었다. 사랑 없는 내 가슴이 문제였다. 피해자를 자처한 나머지 내 영적 실체를 보지 못한 내 눈이 문제였다. 그런데 기도의 과정을 통해 하나님 앞에 내 실체를 깨닫게 되자 문제가 됐던 것이 더는 문제로 느껴지지 않았다. 그는 이렇게 기도했다.

"하나님, 제가 전도사님을 무시했습니다. 함부로 대했습니다."

그도 알고 있었다. 자신이 나를 무시하고 인정하지 않고 있다는 것을. 힘들게 하고 있다는 것을. 그러면 안 된다는 것을. 단지, 내 선임 사역자에 대한 사랑과 존경이 너무 컸던 나머지, 갑작스럽게 사역자가 교체되면서 생긴 혼란스러운 감정을 어떻게 처리해야 할지 몰랐던 것이다.

이 사건 이후 말씀을 묵상하던 중 잠언 27장 17절이 눈에 들어왔다.

"철이 철을 날카롭게 하는 것같이 사람이 그의 친구의 얼굴을 빛나게 하느니라."

철을 날카롭게 다듬으려면 철보다 경도가 높은 것이 필요하다. 마찬가지로 '사람이 친구의 얼굴을 빛나게 한다'. 철보다 단단한 것이 사람의 마음인데, 그렇지 않은가? 한번 미워하면 무덤에 갈 때까지 미워한다. 자자손손 그 비극의 고리를 대물림한다. 게다가 한번 고집부리기 시작하면 아무리 자신이 틀렸어도 인정하지 않는다. 누군가에 대해 편견을 갖게 되면 그의 모든 행동을 부정적으로 해석한다.

하나님은 이런 우리의 마음을 잘 아신다. 이런 마음 상태로는 예수님을 닮을 수 없다는 것도 알고 계신다. 그래서 우리 마음을 깎으시는데, 내가 교만하면 나보다 더 교만한 사람을 붙이신다. 내가 누군가를 미워하면 더 큰 미움을 가진 사람을 붙이신다. 이 시선으로 그를 보니, 그는 나를 아프게 하는 철이 아니라, 나를 예수님 닮게 하는 소중한 철이었다.

야곱도 이 과정을 겪었다. 원하는 것을 얻기 위해 항상 상대를 속였던 야곱은 외삼촌 라반의 거짓말에 속아 상당 기간 착취를 당했다. 하나님이 라반을 야곱의 철로 붙이신 것이다. 하나님은 야곱이 라반을 겪으며 자신의 부정직함을 직면하기를 원하셨다. 물론 안타깝게도 그는 라반이 문제라고 생각했고, 그 결과 자신을 돌아볼 기회를 갖지 못했다.

우리도 이렇게 살아간다. 한동안 군대 감성에 빠져 있을 때가 있었다. 김광석 씨의 〈이등병의 편지〉라는 노래와 함께 90년대 군대 관련 영상이 가미된 유튜브를 봤는데, 댓글에는 이런 내용이 다수 있었다.

"그 시절 고참들한테 많이 맞았지."

그 밑에 달린 댓글이 인상적이었다.

"정말 이상한 게, 군대에서 맞은 놈은 있는데 때린 놈은 왜 없을까?"

우리는 자기를 지나치게 사랑한 나머지 내가 겪은 고생은 시간이 흘러도 생생하다. 반면, 내가 한 잘못에는 관대하다. 그럴 만한 상황이었다고 생각하고 기억 저편 어딘가로 그 일화를 치워 버린다. 즉, 우리는 모든 것을 자기 위주로 해석하고 살아간다. 그러니 주변 사람들이 얼마나 힘들겠는가?

최근에 아내에게 물었다.

"여보, 다시 태어나도 나랑 결혼할 거야?"

아내는 아무 말도 하지 않았다. 순간 잘해야겠다고 생각했다. 잘못하면 나이 들어 버려질지도 모르기 때문이다(농담을 진담으로 받아들이면 안 된다). 며칠 후, 아내는 내가 이기적이라고 말했다. 나는 억울했다. 나만큼 성실하게 가족을 사랑하고 맡겨진 일을 감당하는 사람이 어디 있다고? 억울한 표정을 짓고 있는 내게 아내는 말했다.

"우리 가족은 항상 당신 일정, 당신 기분, 당신 컨디션에 따라 모든 것이 좌우돼요."

아무 변명도 할 수 없었다. 나는 이기적인 사람이 맞았다. 자녀들과의 관계도 마찬가지였다. 피곤에 지쳐 퇴근할 때면 아이들에게 말했다.

"오늘은 아빠 피곤하니까 너희끼리 놀아."

같이 놀자는 아이들에게 이렇게 말한 적도 있다.

"아빠 책 읽는 거 안 보여?"

어느 날 존 드레셔의 《내가 다시 아빠가 된다면》의 한 부분을 읽다가 이런 내 태도가 얼마나 이기적이고 아이들에게 상처가 되는지를 깨닫게 되었다.

우리 자녀들이 다시 어린 시절로 돌아간다면, 그들이 나와 얘기하고 싶을 때 나는 신문 읽기를 중단할 것이다. 그리고 아이들이 나를 방해해도 짜증을 내지 않으려고 애쓸 것이다. 그런 때야말로 사랑과 인자함, 그리고 그들에 대한 신뢰를 보여주는 최고의 기회가 될 수 있다.

대다수 부모는 경청하는 것을 어려워한다. 우리는 반드시 해야 할 일로 무척 바쁘다. 온 종일 일하고 집에 돌아오면 피로감이 몰려온다. 그래서 모든 책임을 잊고 싶고, 흥밋거리에 몰두하는 바람에 경

청할 시간이 별로 없다. 아이의 얘기는 하찮은 소리로 들린다.[7]

마치 그가 내 집에 CCTV를 설치해 놓은 것이 아닐까 싶을 정도로 그는 내 삶을 너무나도 적나라하게 적어 놓았다. 물론, 이것은 그가 겪은 삶의 이야기다. 그러고 보면 사람은 참 거기서 거기다. 물론 그와 나의 차이점이 있다. 나는 자기 과몰입 상태에 빠져서 내 헌신, 내 입장만 살핀 나머지 내가 자녀들에게 잘못하고 있음을 깨닫지 못했고, 그는 알았다.

나는 요즘 아이의 말을 별것 아닌 것으로 취급하려고 하는 내 안의 죄성과 싸우고 있다. 그들의 세계를 유치하다고 생각하는 내 어리석음과 싸우고 있다. 하나님이 내 유치한 고민을 경청해 주시듯, 내 삶을 귀하게 여겨 주시듯 그렇게 아이들의 세계를 사랑하고 싶다.

당신에게도 도전하고 싶다. 오늘 만나는 누군가의 말 한마디를 소중하게 대해 주기를. 내가 이미 겪은 일이라고 해서 상대가 경험하고 있는 세계를 너무 쉽게 속단하거나 결론 내린 채 말하지 말기를.

자녀를 키워 가며 한 가지 고백하게 되는 것이 있다. 하나님은 자녀가 아니라 자녀를 통해 나를 성숙시켜 가신다. 나를 변화시켜 가신다. 며칠 전, 이음이가 아침 식탁에서 자기 몫의 요플레를 다 먹고 한 개를 더 먹고 싶다고 말했다. 안타깝게도 남은 요플레는 없었다. 아이에게 상황을 설명했다. 물론 아이는 형의 요플레를 쳐다보며 형의 것이라도 내놓으라고 떼쓰며 울었다. 예전 같았으면 아이의 문제를 지적하기에 바빴을 것이다. 아이로 인해 나머지 가족들의 마음이 상한 부분에 대해 알려 주려고 노력했을 것이다. 그래도 말을 듣지 않고 떼를 쓴다면 화를 냈을 것이다. 그러나 일련의 과정을 통해 하나님께서는 나를 바꿔 가고 계신다. 나는 둘째에게 웃긴 표정과 말투로 한마디 했다.

"아빠도 요플레 먹고 싶은데, 없네?"

두 아이가 동시에 웃었다. 그래서 몇 번 더 아이들에게 장난을 쳤다. 그랬더니 아무 일도 없었다는 듯이 남은 음식을 먹었고, 동생에게서 요플레를 사수하겠다는 비장한 형도 마음이 편해졌는지, 오히려 자기 것을 조금 나누어 주는 훈훈한 상황이 연출됐다. 둘째도 즐겁게 형이 나누어 준 만큼을 맛있게 먹었다.

부모가 긴장을 풀고 웃으면 아이들도 행복하지만, 부모 안에 지적하고 화낼 마음도 사라진다. 한 번 더 아이를 위해 움직일 힘, 같이 놀아 줄 힘이 생긴다. 이런 경험을 통해 내가 가정에서 너무 심각하게 생각하고 행동했음을 알게 되었다. 그 결과 우리 집은 자주 긴장감이 흐르는 상황이 연출되곤 했다. 나 역시 화를 내고 나면 민망했다. 그렇다고 아이들이 "아빠, 많이 민망하셨죠?" "저희는 여전히 아빠를 좋아해요"라고 말할 수준이 아니지 않은가? 나는 그 상황에서 항상 악수를 뒀다. 더 화를 내거나, 그 자리를 박차고 일어났다. 이 모든 것은 아이들 탓이 아니었다. 내가 잘못 반응한 탓이었다.

부모로서 자녀에게 줄 수 있는 최고의 선물은 비싼 무언가를 사 주는 것이 아니다. 좋은 여행지에 데려가는 것이 아니다. 집 앞 놀이터에서 술래잡기 놀이만 해도 아이들은 깔깔깔 정신없이 웃는다. 자기 이야기를 들어 주기만 해도 신나서 내 귀에 피가 날 때까지 재잘재잘 떠든다.

당신이 만약 집안 분위기를 바꾸고 싶다면 가족들의 문제점을 묵상하고 지적하는 것을 멈추고 하나님 앞에 스스로를 먼저 돌아보아야 한다. 이것은 예수님의 관점이다.

"비판을 받지 아니하려거든 비판하지 말라"(마 7:1).

이유는 간단하다.

"너희가 비판하는 그 비판으로 너희가 비판을 받을 것이
요 너희가 헤아리는 그 헤아림으로 너희가 헤아림을 받
을 것이니라"(마 7:2).

몇 년 전, 동생 이음이가 자신이 만든 블록을 부쉈다고 화내
는 하음이에게 "아들, 화 좀 그만 내"라고 했더니 돌아온 대답
이 충격적이었다.

"아빠도 화내잖아요."

아이는 당한 그대로 내게 돌려줬다. 비판이 얼마나 능력이
없는지를 보여 주는 샘플이 아닐까?

"거룩한 것을 개에게 주지 말며 너희 진주를 돼지 앞에 던
지지 말라 그들이 그것을 발로 밟고 돌이켜 너희를 찢어
상하게 할까 염려하라"(마 7:6).

비싼 진주를 돼지에게 던져 주면 어떤 일이 벌어질까? 배고
픈 돼지는 허겁지겁 진주를 먹어 치우다가 입 안에 상처를 입
게 될 것이다. 화가 난 돼지는 진주를 던져 준 사람을 공격할
것이다. 마찬가지로, 사람이 비판을 당하면 마음에 상처를 받

는다. 자기 방어적으로 굴어서 스스로 자기 문제를 직면하고
개선할 기회를 잃게 된다. 이렇게 되면 상대가 아무리 적절하
고 옳은 이야기를 해도 마음의 방어벽으로 인해 그 마음에 가
닿지 않는다. 오히려 받은 만큼 돌려주는 공격적 태도로 나를
대하게 된다. 어떤 이는 '침묵'이라는 형태로. 어떤 이는 '비난'
이라는 형태로. 어떤 이는 '수군거림'이라는 형태로. 어떤 이
는 '폭언'이라는 형태로.

　나는 하음이에게 "동생에게 화 좀 내지 마" 하며 진주를 던졌
다. 그러나 돌아온 것은 "아빠도 화내잖아요"였다. 공격받았다.
아이는 내가 던진 진주를 소화할 수 없었다. 그날 저녁, 어린이
집에서 돌아온 아이에게 화내고 비판한 것에 대해 사과했다.
그랬더니 아이는 "아빠, 괜찮아요. 나도 미안해요. 사실 이음이
가 제 블록을 여러 번 부숴서 화가 나 있었어요"라고 말했다.

　아이는 단 한 번의 사건으로 동생에게 화를 낸 것이 아니었
다. 아이의 마음이 얼마나 억울했을까? 자녀들을 주 안에서
양육하는 방법은 비판이 아니라 사과다.

　　"또 아비들아 너희 자녀를 노엽게 하지 말고 오직 주의 교
　　훈과 훈계로 양육하라"(엡 6:4).

바울은 부모들을 향해 자녀를 노엽게 하지 말라고 권했다.

언제 자녀가 분노하는가? 그 마음에 상처를 입었을 때다. 부모가 자신을 무시하고, 비판하고, 자신에게 함부로 말할 때다. 자녀에게 자주 화내고, 자녀의 생각을 유치하다고 무시할 때다. 우리가 자녀의 말을 경청하고, 그들을 격려하고, 그들에게 자주 웃어 주는 것만으로도 충분히 좋은 부모라는 것을 기억하라.

자녀 양육에 관한 이야기가 나왔으니 꼭 한 가지 말해 주고 싶은 것이 있다. 자녀 양육의 핵심은 부부가 한 팀이 되는 것이다. 서로 사랑하는 것이다. 이 개념은 총신대학교 상담학 교수인 김준 목사님을 통해 배웠는데, 그는 자녀 양육의 핵심이 부부가 한 팀이 되는 것이라고 했다. 당시에 한 자매가 이렇게 질문했다.

"교수님, 아이가 밥을 먹을 때 남편은 스스로 먹게 해야 한다고 하고 저는 아직 어리니 부모가 먹여 줘도 된다고 생각해서 자꾸 충돌합니다. 어떻게 해야 하나요?"

김준 교수의 답변이 너무 탁월했다.

"그건 중요하지 않습니다. 스스로 먹게 하든, 먹여 주든, 결과적으로 아이는 잘 클 것입니다. 중요한 것은, 부부가 이 문제를 사전에 대화를 통해 조율하는 것입니다. 이번에는 남편 뜻대로 하고, 다음번 또 다른 이슈에 대해서는 아내의 방법을 따르는 식으로 서로 조율하면 됩니다. 중요한 것은 부부가 한

팀이 되는 것입니다."

노파심에 하는 말이지만, 이 글을 읽고 배우자와 한팀이 되고 싶은 의욕이 앞선 나머지 다짜고짜 "얘기 좀 해요"라고 하지는 말라. 모든 일에는 순서가 있다. 나 역시 아내와 한팀이 되고 싶었다. 그래서 먼저 아내와 부드럽게 대화하기 위해서 아내가 좀 더 마음의 여유를 갖도록 도왔다. 퇴근하면 집 청소를 했다. 아이들 장난감을 정리했고, 아이들과 놀아 줬다. 아이들을 씻겼다. 아이들과 침대에 누워 잠들 때까지 이야기했다. 그러자 아내가 한결 편안하게 내게 대화를 걸었다. 그러면서 깊이 있는 이야기를 나눌 수 있었다. 서로를 향한 마음이 더 커져 감을 경험하고 있다.

비판이 아닌 기도와 사랑으로

한편, 예수님은 상대를 위해 비판보다 기도를 주문하셨다.

"구하라 그리하면 너희에게 주실 것이요 찾으라 그리하면 찾아낼 것이요 문을 두드리라 그리하면 너희에게 열릴 것이니"(마 7:7).

누군가를 비판하고 싶을 때 말은 최대한 늦게 내뱉어야 한다(약 1:19). 이 에너지를 상대를 위해 구하고, 찾고, 두드리는 기도로 전환해야 한다. 우리가 상대를 위해 기도하면 우리 마음에 은혜가 부어진다. 우리 하나님으로부터 먼저 받은 사랑이 선명해진다. 이 과정을 통해 상대를 향한 긍휼과 사랑의 마음이 우리 안에 자라난다. 상대의 특정 행동에 초점이 맞춰졌던 시야가 넓어진다. 그의 고단한 삶이 보이고, 마음속 상처와 아픔이 보인다. 상대를 위한 기도가 더 깊어진다. 기도의 시간을 통해 그를 더 사랑하게 된다. 그 결과 "그러므로 무엇이든지 남에게 대접을 받고자 하는 대로 너희도 남을 대접하라 이것이 율법이요 선지자니라"(마 7:12)라는 예수님의 말씀이 우리 삶에 새겨진다. 예수님은 비판하고 싶을 때 상대가 우리에게 어떻게 대해 주기를 원하는지 한 번 더 생각해 보라고 하셨다.

최근에 한 남성 성도에게 "그 정도면 충분한 아빠입니다. 충분한 직장인입니다. 충분한 성도입니다"라고 말해 주었다. 그러자 그가 내게 말했다.

"목사님, 저는 저 스스로에게 회사나 가정 심지어 교회에서 열심히 하라고, 성과를 내야 한다고 소리치곤 했습니다. 생각해 보니, 주변이 나를 압박하기 전에 압박당하는 것이 두려워서 먼저 선수를 쳤던 것 같습니다."

그에게 필요한 것은 더 열심히 하라는 말이 아니었다. 이미 잘하고 있다는 격려였다. 아니, 존재 자체로 소중한 사람이라는 말이었다.

다른 사람을 대할 때, '나는 그에게 어떤 말을 듣고 싶은가? 어떤 대우를 받고 싶은가?'를 먼저 점검하라. 그리고 먼저 그를 그렇게 대해 주라. 이 과정에는 비판이 끼어들 틈이 없다. 오히려 격려하고 싶고, 위로하고 싶고, 함께하고 싶은 마음이 커질 것이다.

나는 요즘 성도들에게 닭백숙을 만들어 배달하는 사역을 하고 있다. 자녀가 아픈 엄마에게, 심리적 고통으로 아파하는 이에게 내가 해 줄 것이 그렇게 많지 않다는 것을 절감했기 때문이다. 물론 그들을 위해 기도했다. 그러다 로뎀 나무 아래서 죽기를 구하는 엘리야를 대하시는 하나님의 모습이 눈에 들어왔다. 비판하고 지적하기보다 말없이 천사를 통해 마사지를 해 주시고, 물과 숯불에 구운 떡을 주면서 충분히 쉬게 하시는 하나님처럼 나도 그렇게 살고 싶었다. 그래서 백숙을 배달하고 있다. 그리고 이 과정을 통해 그가 일어서도록 만나서 설득하는 것보다, 혹은 상황을 직면시켜 주는 것보다 그를 위해 백숙을 끓이고 배달하고 한 끼 배불리 먹을 수 있도록 섬기는 것이 훨씬 강력한 위로와 회복이 된다는 것을 배우고 있다.

이 장을 시작하며 언급했던 그 찬양 인도자를 내가 이후에 뭐라고 불렀는지 아는가? '소중한 철!' 그는 나를 깎아 예수님을 닮게 하는 소중한 철이다. 그는 비판이 아니라 사랑과 섬김으로 대해야 할 소중한 철이다. 그는 격려와 위로로 함께 살아가야 할 소중한 철이다.

당신에게도 이와 같은 눈이 열리기를 바란다. 그러면서 철과 전혀 새로운 관계를 맛보기를 기도한다.

기도

하나님, 저는 자주 '나는 왜 맨날 이상한 사람과 엮일까?'라고 생각했었습니다. 그들이 낙천적이고 사람 좋은 저를 불편하게 만들었고, 사납게 행동하게 했다고 탓했습니다. 그들의 잘못된 점을 찾는 데는 매의 눈처럼 밝았고, 제가 피해자라는 생각에 심판자가 되어 그들을 함부로 정죄했었습니다.

그런데 말씀의 빛 가운데 서 보니 제가 싫어하고 정죄했던 그들의 모습이 실은 제 모습이었음을 봅니다. 그들은 하나님께서 저를 변화시키기 위해 붙이신 소중한 철이었음을 봅니다. 진짜 문제는 그들이 아니라 은혜 없고 메마른 제 마음이었고, 사랑 없는 제 가슴이었으며, 피해자를 자처한 나머지 제 영적 실체를 보지 못한 제 눈이었음을 고백합니다.

하나님의 은혜로 자기중심성, 자기 연민에서 빠져나와 저를 직면해 봅니다. 하나님, 저는 가족에게 쉽게 짜증내고 분노하는 사람입니다. 배우자를 탓하고, 아이들을 탓했습니다. 그들만 제대로 행동한다면 가정은 평안할 거라고 믿었습니다.

하나님, 저는 직장에서 쉽게 불평하고, 예민하게 구는 사람이었습니다. 제가 받는 업무 스트레스에는 민감했지만, 상사가 받는 목표 달성과 관련된 압박감은 전혀 관심이 없었습니다. 그저 그가 내뱉는 말 한마디, 행동 하나를 곱씹으며 그는 이기적이고 나쁜 사람이라고 규정했을 뿐입니다.

간절히 요청합니다. 매 순간 상대를 대할 때, 제가 그에게 대접받고 싶은 그대로 먼저 그를 대하게 해 주십시오. 상대를 위해 기도할 때마다 그의 고단함을 볼 수 있는 눈을 열어 주십시오. 비판의 말 한마디보다 그를 위해 충분히 기도한 후 위로와 격려의 말을 내뱉게 해 주십시오. 무엇보다 그를 저에게 붙인 하나님의 완전하신 의도를 신뢰함으로 잘 깎이는 철이 되게 해 주십시오.

예수님의 이름으로 기도합니다. 아멘.

생각 나눔

1. 잠언 27장 17절을 읽은 후 내 삶의 '철'은 누구인지 생각해 보라.

> "철이 철을 날카롭게 하는 것같이
> 사람이 그의 친구의 얼굴을 빛나게 하느니라."

2. 당신은 '철'을 바라볼 때 어떤 감정이 드는가? 당신은 감정에 따라 상대를 대하는 태도가 다른가? 그 태도가 '철'과의 관계에서 어떤 영향을 미치는가?

3. 다른 이에게 대접받고 싶은 만큼 '철'에게 대접해 보라. 그렇게 대했을 때 당신의 달라진 모습은 없는가?

기도는 삶을 대하는
마음과 태도를 변화시킨다

혹시 주변에 당신의 마음을 어렵게 하는 사람, 까다롭고 대하기 힘든 사람이 있는가? 잠시 대화를 나누는 것만으로도 마음을 불편하게 만드는 능력자가 있는가? 없다면, 당신이 그 사람일 가능성이 크다. 왜냐하면 인생은 어디를 가든 까다롭고 힘든 사람들, 대하기 불편한 사람들이 존재하기 때문이다.

나는 가끔 연애하는 청년 중에 만나는 사람마다 같은 문제로 어려움을 겪는 친구들에게 이렇게 조언해 준다.

"계속 같은 패턴의 문제가 생긴다는 것은, 상대의 문제 혹은 주변의 문제가 아니라 그대 자신을 점검할 기회다."

당신 역시 마찬가지다. 어렵고 힘든 사람들은 어디에나 존재한다. 그런데 그들과 부딪히는 문제, 갈등의 패턴이 똑같다면 이제 시선을 돌려 스스로를 점검할 때다.

'나'를 향한 시선을 거둬야 '이웃'이 보인다

21년 전 부임했던 공동체에서 들은 첫마디가 아직도 잊히지 않는다.

"사역은 우리가 알아서 할 테니 전도사님은 설교만 잘해 주세요."

이 말을 한 교사는 나를 모든 사역에서 배제시켰다. 심지어 교사 회의 시간에도 참석하지 말라고 했다. 그래서 나는 교사 회의 시간마다 늘 밖에서 기다려야 했다. 마치 뿌리내리지 못한 나무처럼 힘겨운 시간을 보내야 했다.

"하나님, 저 교사를 바꿔 주세요. 자신이 저에게 얼마나 잘못하고 있는지 보는 눈을 열어 주세요."

간절히 기도했다. 그렇게 몇 달이 지났을까? 어느 날 그가 내게 교사 회의에 참석해도 좋다고 했다. 나는 무언가 변화가 일어났다고 짐작하고 기쁨으로 참석했다.

'아, 하나님이 내 기도에 응답하시는구나.'

어색한 환영 인사 후 그는 교사들을 향해 이렇게 말했다.

"자, 전도사님을 향해 박수!"

뭐, 박수 받는 것을 싫어할 사람은 없다. 그런데 다음 말에 화가 났다.

"신대원에서 설교 준비를 충실히 해 오신 티가 납니다."

그의 말은 내게 격려가 아니라 모욕처럼 느껴졌다. 당신도 이런 사람들을 종종 만날 것이다.

'저 사람은 대체 내게 왜 이렇게 행동할까? 왜 저런 식으로 말하는 걸까?'

당시 나는 하나님께 따져 물었다.

"하나님, 왜 저런 사람을 제 곁에 붙이셨나요?"

물론, 하나님은 당신의 주특기를 발휘하셨다. 침묵. 하나님이 침묵하실 때는 아직 하나님의 때가 되지 않은 것이다. 내가 삶을 통해 배워야 할 것이 여전히 남아 있는 것이다.

시간은 흘렀고, 첫 청소년 수련회를 가게 되었다. 마지막 날 저녁, 세족식을 진행하고 있었는데 마음으로부터 한 가지 생각이 떠올랐다.

'통령아, 가서 저 교사의 발을 씻겨 주어라.'

하나님의 요구가 너무 잔인하게 느껴졌다. 내면의 갈등도 잠시뿐, 내키지는 않지만 하나님의 요구에 순종하기로 했다. 당시 자주 했던 기도, "하나님이 쓰시기에 편한 사람이 되게 해 주세요"라는 고백이 생각났기 때문이다.

그에게 다가가 발을 씻겨 주고 싶다고 말했다. 그는 강하게 거부하며 세족식 진행에 신경 써 달라고 했다. 그러나 나는 물러설 수 없었다. 간곡히 그를 설득했고, 결국 그의 양말을 벗기고 발을 물에 담갔다. 발을 씻기기 위해 그의 발에 손을 댔는데, 순간 전혀 예상하지 못했던 일이 벌어졌다. 눈물이 왈칵 쏟아졌고, 나는 그에게 이렇게 말하고 있었다.

"집사님, 죄송합니다. 제가 집사님을 사랑하지 못했습니다."

그도 내 말에 당황했겠지만, 가장 당황한 사람은 나였다. 나는 단 한 번도 내가 그를 더 사랑하지 못해 미안하다고 생각해본 적이 없었기 때문이다. 나는 내가 피해자라고 생각했다. 그런데 성령께서 내 마음을 드러내셨다. 사랑 없는 마음을 직면하게 하셨다. 그리고 인정할 수밖에 없었다. 내 안에는 그를 향한 사랑이 없었다.

사랑 없는 가슴을 움켜쥔 채 한참을 주저앉아 울고 있는데 내 어깨에 따뜻한 감촉이 느껴졌다. 눈을 들어 보니 그가 눈시울을 붉히며 나를 응시하고 있었다. 그는 이렇게 말했다.

"전도사님, 저 때문에 많이 힘드셨죠?"

그도 알고 있었던 것이다. 자신이 나를 힘들게 하고 있다는 것을, 당신을 힘들게 하는 이들 중 일부는 자기가 당신을 힘들게 하고 있다는 것을 알고 있다. 그런데도 왜 그 행동을 멈추지 않을까? 내 경험상, 대부분 감추어진 이야기들이 있다. 그도 그랬다. 후에 그가 왜 내게 모질게 행동했는지 알게 되었다. 내가 부임한 공동체는 사역자의 일탈 행위로 인해 사역자에 대한 신뢰가 바닥인 상태였다. 또 문제를 처리하는 과정에서 이해할 수 없는 인사이동으로 교사들의 마음이 상해 있었는데, 그 화살이 신임 사역자에게 향한 것이다. 나는 이것도 모르고 그가 문제라고 생각했었다. 그런데 하나님이 보실 때는 '자기 사랑', '자기 연민'으로 똘똘 뭉쳐 상대의 아픔을 보지 못하는 사랑 없는 내가 문제였다.

이 시기에 성경을 읽는데 두 구절이 눈에 들어왔다.

"남에게 대접을 받고자 하는 대로 너희도 남을 대접하라"(눅 6:31).

"어찌하여 형제의 눈 속에 있는 티는 보고 네 눈 속에 있는 들보는 깨닫지 못하느냐"(마 7:3).

우리는 본성적으로 '남'보다는 '나'를 사랑하기 때문에, 나를 향해서는 '내 필요'가 먼저 보이고, 타인을 향해서는 '그의 문제'가 먼저 보이는 경향이 있다. 이런 우리를 잘 아시는 예수님은 타인의 필요를 더 중요하게 여기고, 타인의 문제를 지적하고 묵상하기 전에 자신을 겸손히 돌아볼 것을 주문하신 것이다. 변화는 어찌 보면 '지나친 자기 과몰입 상태'에서 벗어나는 것으로부터 시작된다. '나'로부터 벗어나야 마땅히 보아야 할 것이 보이기 시작한다.

일본 메이지 시대(1867-1912)에 한 대학 교수가 일본인의 스승인 난인에게 '선'에 대해 묻기 위해 찾아갔다. 난인은 차를 대접했는데, 잔에 차를 계속 부었고, 차는 잔에서 넘쳐흐르게 됐다. 교수는 잔이 넘치는 것을 보다 못해 "선생님, 잔이 넘치고 있습니다"라고 말했다. 이에 난인은 이렇게 대답했다고 한다.

"이 잔처럼, 당신 속에는 온통 당신의 생각과 결론뿐입니다. 당신이 먼저 당신의 잔을 비우지 않는 이상 내가 무슨 수로 당신에게 선에 대해서 알려 줄 수 있겠습니까?"[8]

제임스 브라이언 스미스(James Bryan Smith)의 《선하고 아름다운 공동체》(생명의말씀사 역간)에 보면, 그가 경험한 두 교회가 비교되어 있다. 캠퍼스 교목으로 사역했던 그에게 한 교회에서 캠퍼스 사역에 쓸 파격적인 재정 후원을 약속하며 자신들의 교회에 캠퍼스 청년들을 데려와 성경 공부를 하면 어떻겠느냐고 제안했다고 한다. 그는 기쁜 마음으로 그렇게 했다. 그런데 몇 달 후, 교회 관계자가 찾아와 이렇게 말했다.

"교수님, 문제가 좀 생긴 것 같아요. 교수님을 따라온 학생들이 우리 예배에 전혀 참석하지 않아요."

이후 그 교회는 재정 지원을 끊었다.

그다음 해에 또 다른 교회의 평신도 지도자들이 그를 찾아와 학생들을 섬기고 싶다고 했다. 그는, 학생들은 먹을 것과 따뜻한 포옹이 필요하다고 알려 줬고, 교회는 그 일을 시작했다. 학생들의 등록 여부와 관계없이 교회는 그 일을 지속했다.

그는 이 두 가지 경험을 통해 우리에게 이렇게 묻는다.

두 교회의 차이는 무엇이었을까? 첫 번째 교회는 "우리 교회가 잘 되려면 무엇을 개선해야 하는가?" 하는 질문을 했다. 두 번째 교회의 질문은 "어떻게 하면 우리가 다른 사람들을 잘 섬길 수 있을까?"였다. 첫 번째 교회를 움직이는 원동력은 '자기 중심적 생각'이었다. 두 번째 교회는 '다른 사람들의 필요'가 중요하다는 생각으로 움직였다. 첫 번째 교회는 자신들의 이미지와 자존심을 챙기는 데 더 신경 썼다. 대학생들이 자신들의 교회에 출석하는 것을 일종의 성공의 징표로 여겼던 것이다. 두 번째 교회는 학생들의 웰빙이 더 큰 관심사였다. 그들의 마음속에는 대학생들이 많이 교회에 온다는 것은 섬김의 기회라고 여겼던 것이다.

우리가 하나님 나라의 현실에 흠뻑 젖어 있으면 우리의 관심은 우리 자신의 필요 중심에서 다른 사람들의 필요 중심으로 바뀐다.[9]

당신은 어떠한가? '나 중심적 생각' 혹은 '자기 필요 중심적 사고'에 사로잡혀 있지는 않은가? 혹 '자기 과몰입 상태'에 빠져 있는 것은 아닌가? 그렇다면 모든 것이 불만족스러울 것이다. 자주 원망과 비판을 내뱉을 것이고, 감사가 사라진 삶을 살 것이다. 왜 그럴까? 세상은 '나' 중심으로 돌아가지 않기 때문이다. 세상은 '내 욕구' 중심으로 움직이지 않기 때문이다.

자기중심적 사고로 사는 사람의 특징을 잘 보여 주는 그림이 있다. 렘브란트(Rembrandt Harmenszoon van Rijn)의 〈선한 사마리아 인이 있는 풍경〉인데, 그는 성경에 없는 내용을 그 그림에 삽입했다. '개' 한 마리! 개는 자기 영역을 표시하는 습성이 있다. 그렇다면 이런 의미가 아닐까? 우리는 나름의 자기 영역을 정해 놓고 그 영역에는 내가 원하는 사람만 들어오게 한다. 내가 좋아하는 사람만이 내 친구고 이웃이다. 그러면서 마치 예수님 당시 종교인들처럼 질문한다.

"누가 내 이웃입니까?"(눅 10:29, 현대인의 성경).

위의 질문을 한 종교인은 예수님의 비유를 제대로 이해하지 못했다. 비유의 내용은 대략 이렇다. 한 사람이 강도를 만났다. 피투성이가 된 그를 가장 먼저 발견한 사람은 제사장이었다. 그다음 사람은 레위인이었다. 이들은 '하나님 사랑, 이웃 사랑'을 실천하는 삶이야말로 율법의 가장 큰 계명임을 알고 있었다. 그러나 그들은 강도 만난 이웃의 필요를 외면한 채 황급히 그 자리를 떠났다. 반면, 당시 유대인들이 무시하고 멸시했던 사마리아인은 강도 만난 유대인 남자를 보자마자 응급 처치했다. 이후 그가 회복할 수 있도록 필요한 비용을 대신 감당했다.

예수님은 비유를 마치며 그 종교인에게 물으셨다.

"네 생각에는 이 세 사람 중에 누가 강도 만난 자의 이웃이 되겠느냐"(눅 10:36).

예수님은 자기중심적인 그의 사고를 비틀어 버리신 것이다. '누가 나의 이웃이 될 자격이 있는가'라는 생각을 버리고 '나는 누구의 이웃이 되어 주어야 하는가'라는 관점으로 살라고 도전하셨다.

내가 이렇게 해야 했다. "하나님, 이 공동체에는 내 이웃이 없습니다"가 아니라 "하나님, 저는 누구의 이웃이 되어 주어야 합니까?"라고 물었어야 했다. 하나님은 그와 교사들의 이웃으로 나를 보내셨다. 반면, 나는 '누가 내 이웃이 될 자격이 있는가'에 관심을 가졌다.

이 지점에서 당신도 자신에게 동일한 질문을 던져 보라.

"나는 누구의 이웃이 되어 주어야 하는가?"

나는 서른한 살에 결혼과 동시에 교회를 개척했다. 그러다 보니 신혼집을 열악한 곳에 구할 수밖에 없었다. 낯선 김천이라는 지역에서 집을 얻었는데, 아래층은 가요방, 옆집은 보도방이었다. 물론 처음에는 이런 개념을 몰랐다. 가요방이라는 간판을 보고 중개인에게 "저곳은 노래 부르는 곳이 아닌가요?" 하고 물었는데, 돌아온 대답은 영업을 안 하고 있으니 걱정하지 말라는 말이었다. 물론 거짓말이었다. 밤만 되면 아가씨를 불러 놓고 노래 부르는 남자들의 괴성에 잠을 잘 수 없었다. 게다가 옆집은 '보도방', 즉 가요방 아가씨들이 대기하는 장소였다. 가끔 아내가 계단을 올라가다가 아가씨들과 마주쳤는데, "어머, 새로운 아가씨야?"라는 소리를 들어야 했다. 나는 중개업자에게 화가 났고, 이곳으로 부르신 하나님께 화가 났다.

그런 내 심경에 변화가 생겼다. 그날도 밤새 들리는 노랫소리에 잠을 설치고 있었는데, 한 남자가 마지막 곡으로 찬송가를 불렀다.

"나 같은 죄인 살리신 주 은혜 놀라워."

구슬프게 노래를 부르는 남자의 목소리가 내 영혼을 깨웠다. 나는 그 자리에서 즉시 그를 위해 기도했다. 그가 돌이켜 다시 하나님 앞에 살게 해 달라고 구했다.

이 사건을 통해 나는 내가 '내 이웃'의 경계를 스스로 정해 놓았다는 것을 깨달았다. 나는 '저 음란한 놈들', '저 부정한 여자들'이라고 그들을 낙인찍었다. 그런 부류는 내 이웃의 경계에 들어올 자격이 없다고 생각했다. 내가 그 종교 지도자였다.

이후 나는 옆집 보도방 아가씨들을 마주칠 때마다 먼저 인

사말을 건넸다. 그녀들의 고단한 삶에 예수님이 찾아가 달라고 기도했다. 한편, 밤마다 이름 모를 남자의 괴성이 들릴 때면 그를 위해서도 기도했다. 이 과정에서 어느 날 그들을 위한 기도가 마치 나를 위한 기도만큼 절박하게 터져 나왔다.

나는 이 사건을 통해 이웃을 사랑하는 것은 상대를 '자신과 같이' 사랑하는 것임을 배웠다. 종교인도 이것을 알았다.

> "또한 네 이웃을 네 자신같이 사랑하라 하였나이다 예수
> 께서 이르시되 네 대답이 옳도다 이를 행하라 그러면 살
> 리라 하시니"(눅 10:27-28).

그러나 그는 자신이 더 중요했다. 비유 속 제사장이나 레위인과 같이 말이다. 반면, 비유 속 선한 사마리아인은 강도 만난 유대인을 보고 '불쌍히 여겼다'(눅 10:33). 여기 '불쌍히 여기다'라는 단어를 킹제임스 성경은 'compassion'이라는 단어로 옮기고 있는데, 'com'은 '함께', 'passion'은 '고통'이다. 선한 사마리아인은 강도 만난 사람의 고통을 자기 고통처럼 여기고 도왔다는 것이다. 즉, 그는 이웃을 자기 자신과 같이 사랑할 줄 아는 사람이었다.

생각해 보라. 우리가 만약 길에서 강도를 만나 거의 죽게 되었다면 간절한 도움을 기다리지 않을까? 나의 어려움을 보고

지나가는 사람을 보며 절망감을 느끼지 않을까? 그래서 그는 상대를 자기처럼 대하며 강도 만난 사람에게 필요한 사랑을 베풀었다. 강도 만난 유대인을 구조했고, 그에게 필요한 치료와 재정을 지원했다.

사랑과 섬김이 이웃의 경계를 허문다

이 내용을 묵상하던 시기, 코로나로 인해 중국 선교를 접고 한국에 들어온 목회자가 나를 만나기 위해 교회로 찾아왔다. 그와 대화하며 그에게 가장 필요한 것이 차라는 것을 알게 되었다. 나는 직감했다. 내가 그의 기도 응답이 되어 주어야 한다는 것을 말이다. 순간, 나는 방어 기제를 발동했다.

'하나님, 차는 저도 필요합니다.'

그러나 부담감은 더 커져만 갔다. 고민 끝에 그에게 차량을 양도하겠다고 말했다. 그 뒤로 나는 한동안 대가를 지불해야 했다. 가까운 거리는 걸어 다녔고, 먼 거리는 교역자들의 도움을 받거나 교회 차량을 사용했다. 그러나 마음만은 기쁨과 만족감으로 충만했다. 자기 과몰입 상태에서 벗어나 상대를 나처럼 사랑하는 삶이 주는 혜택을 누렸다.

최근에 한 청년에게 한약을 지어줬다. 그럴만한 계기가 있었다. 청년이 내가 양육하고 있는 '말씀40일학교'에 신청해 참여하게 됐는데, 강의 시간만 되면 꾸벅꾸벅 졸았다. 마음이 불편했다. "젊은 애가 왜 이렇게 병든 닭처럼 저러나?" 이 문제를 놓고 기도하던 중, 하나님께서 "그럼 네가 한약 한 제 지어주면 되지!"라는 마음을 주셨고 순종하는 마음으로 섬기게 되었다.

같이 한약을 지으러 간 날, 한의사가 말했다.

"스트레스 지수가 심각하게 높습니다."

의사에 말에 청년은 "사실 얼마 전부터 우울증 약을 복용 중인데, 그때 받은 뇌파 검사 결과 스트레스 위험 판정을 받았어요. 그래서인지 잠도 잘 못 자고 있습니다."

그는 이런 어려움 속에서도 교회에 와서 강의를 듣기 위해 애썼던 것이다. 안쓰러운 마음에 좋은 식당에 데려가 맛있는 음식을 함께하고 헤어졌는데, 그날 저녁 그 청년으로부터 이렇게 카톡이 왔다.

"목사님! 저를 위해 시간을 내어주시고 보살펴주신 시간은 살면서 잊지 못할 귀한 추억으로 남을 것 같습니다. 오늘 목사님을 비롯한 교역자분들의 호의가 저의 영혼을 쉬게 했고 시원한 가을바람에 마음이 산책할 수 있었습니다. 아마 저 혼자 집에만 있었다면 몸은 쉬어도 여전히 불안과 씨름하고 있었을 겁니다. 하루를 마무리하며 내일은 또 어떤 일이 있을지

저는 알 수 없지만 하나님이 허락해주신 오늘의 기억들로 감사
하며 살아갈 수 있을 것 같습니다. 함께해주셔서 감사합니다."

순간, 내 안에 원인을 알 수 없는 만족과 기쁨이 올라왔다.
잠언 기자는 이러한 기쁨을 다음과 같이 표현했다.

"남에게 마실 물을 주면, 자신도 갈증을 면한다"(잠 11:25,
새번역).

예수님도 이 진리를 확증해 주셨다.

"너희 삶을 거저 주어라. 그러면 삶을 돌려받게 될 것이
다. 돌려받는 정도가 아니라 축복까지 덤으로 받게 될 것
이다. 받는 것보다 주는 것이 더 낫다. 베풂은 베풂을 낳는
다"(눅 6:38,《메시지》).

그러나 주의할 것이 있다. 내가 행복해지기 위해 나누지는
마라. 하나님의 사랑을 받은 자이기에, 그 사랑을 누리는 존재
이기에 나누라. 요한은 하나님의 사랑에 대해 이렇게 말했다.

"하나님이 세상을 이처럼 사랑하사 독생자를 주셨으
니"(요 3:16).

하나님은 우리를 사랑해서 독생자를 주셨다. 즉, 우리는 누군가에게 무언가를 주기 전에 이미 가장 값진 것을 받았다. 이것을 아는 자만이, 이것을 누리는 자만이 받은 사랑을 나눌 수 있다. 그 결과, 너와 나의 경계가 허물어지게 될 것이다.

예수님 당시 선한 사마리아인의 비유를 듣고 있던 청중은 유대인이었다. 그런데 비유 속 유대인들은 강도 만난 유대인의 필요를 외면했다. 오히려 그들이 평상시 '개'처럼 여겼던 사마리아인이 그를 도왔다. 그런데도 청중이 가만히 있었다? 이에 대해 팀 켈러(Timothy J. Keller)는, 아마도 이 일은 당시 누구나 알고 있는 실화였을 것으로 추측했다. 나 역시 그의 생각에 동의한다. 그들은 이미 이 일화를 알았고, 감동했다. 그래서 아무도 사마리아인의 이야기에 대해 분개하지 않았다. 즉, 사마리아인의 사랑과 섬김 앞에서 유대인과 사마리아인의 견고한 경계가 허물어졌다. 적개심이 꼬리를 감췄다.

희생할 사람을 찾지 말고 희생하는 사람이 되라

많은 사람이 가정이 문제라고 말한다. 사회가 문제고, 교회가 문제라고 말한다. 그런데 분석만 할 뿐, 그 누구도 선한 사마리아인이 되려고 하지는 않는다. 대부분의 성도가 교회에 사랑이 없다고 한탄만 할 때 한 사람만 나서서 헌신적으로 사랑을 실천해 보라. 어느새 공동체 전체의 분위기가 바뀌어 있을 것이다. 가정도 마찬가지다. 가족 구성원 중 한 사람만 먼저 나서서 사랑하고 희생해 보라. 물론 희생을 강요해서는 안 된다. 착취는 악한 것이다. 대신 자발적인 사랑과 헌신을 누군가 실천하면 집안 전체 분위기가 바뀔 것이다.

"왜 밥 안 차려 줘? 청소는 제대로 한 거 맞아? 퇴근했으면 애들하고 놀아 줘라."

요구하고 원망만 하면 결국 다 같이 불행해진다. 심지어 집에 있기가, 혹은 가기가 싫어진다. 그런데 어리석게도 많은 사람이 자신이 먼저 섬기고 사랑하는 한 사람으로 사는 것을 택하기보다 그 한 사람이 없음을 분석하고 불평하는 데 시간을 사용한다. 그래서 내가 속한 공동체는 늘 사랑의 능력이 없다. 섬김과 희생이 주는 기쁨도 누리지 못한다.

우리의 기도가 바뀌었으면 좋겠다.

"주님, 나 자신과 같이 상대를 사랑하는 사람으로 살게 해 주세요. 상대가 내게 해 주기를 원하는 대로 내가 먼저 상대를 섬기게 해 주세요. 이웃의 한계를 정하지 않고 먼저 다가가 이웃이 되게 해 주세요."

만약 우리의 기도가 이렇게 바뀐다면 그리고 그렇게 살아내기 시작한다면, 당신은 하나님의 축복의 통로로 쓰임 받게 될 것이다. 당신의 내면이 먼저 변화를 느끼게 될 것이며, 주변 사람들도 알게 될 것이다. 그리고 당신으로 인해 주변의 분위기도 서서히 바뀌어 가게 될 것이다. 설령 주변은 여전히 이기적이고 자기중심적인 태도를 고수할지라도, 그들이 당신의 기쁨을 빼앗지는 못할 것이다.

기도

하나님, 저는 자기중심적인 사람입니다. 한 예로, 오늘 하루가 좋은 날이었는지 나쁜 날이었는지를 판단할 때 '하나님의 뜻이 하늘에서 이루어진 것처럼 땅에서도 이루어졌는가?', '하나님 사랑, 이웃 사랑을 실천했는가?'와 같은 기준이 아니라, '사람들이 오늘 하루 동안 나를 얼마나 친절하게 대했는가?', '직장에서 내 능력을 인정받았는가?', '내 기분은 어땠는가?', '내가 바라는 대로 상황이 흘러갔는가?' 여부에 따라 그날을 평가했습니다.

이런 제 '자기중심적' 태도는 사람들과의 관계에도 영향을 미쳤습니다. 나를 향해서는 '내 필요'가 먼저 보였고, 타인을 향해서는 '그의 문제'가 먼저 보였습니다. 나를 향해서는 '내 아픔'이 먼저 보였고, 타인을 향해서는 '그의 잘못'이 먼저 보였습니다. 그래서 너무나 자주 '피해자'를 자처하며 살았습니다. 상대를 '가해자' 혹은

'악'으로 규정한 채 그에 관한 원망과 비판을 주변 사람들에게 자주 내뱉었습니다.

그러나 진리의 빛 가운데 서 보니 상대의 문제점을 보느라 제가 얼마나 사랑 없는 사람인지를 깨닫지 못했고, '자기 연민'과 '자기 사랑'에 사로잡혀 상대의 아픔을 보지 못했음을 알게 되었습니다. '누가 내 이웃이 될 자격이 있는가'에 몰두한 나머지 '내가 이웃이 되어 주어야 할 대상'을 알아차리지 못했습니다.

하나님, 저를 불쌍히 여겨 주십시오. 저에게 상대를 저 자신과 같이 사랑할 능력을 주십시오. 제 마음을 살피듯 상대의 마음을 살피고, 제 필요에 민감하듯 상대의 필요에 민감할 수 있게 도와 주십시오. 제가 속한 교회와 회사, 가정과 학교에 사랑이 없다고 한탄하는 사람이 아니라, 나서서 헌신하고 사랑을 실천하는 사람이 되게 해 주십시오. 하나님의 사랑을 받은 자이기에, 그 사랑을 누리는 존재이기에 사랑을 나누는 사람이 되게 해 주십시오.

예수님의 이름으로 기도합니다. 아멘.

생각 나눔

1. 현재 가장 관심을 갖고 있는 세 가지를 생각나는 대로 적어 보자.
   적은 내용을 보면서 '자기 과몰입 상태'에 빠져 있는 것은 아닌지
   생각해 보자.

   1)

   2)

   3)

2. 이 장을 읽으면서 당신이 가장 먼저 떠올린 이웃은 누구인가? 왜
   그가 떠올랐는가?

3. 이웃을 섬겼을 때 경험한 기쁨이 있다면 나누어 보자. 혹시 그런
   경험이 없다면 작은 섬김부터 당신의 삶에서 실천해 볼 것을 도전
   한다.

믿음의 행함은

누군가의 기도 응답이 된다

염려를 기도로 대체하라

"목사님, ○○○ 전도사가 사라졌습니다."

주일 새벽, 선임 사역자의 다급한 목소리가 수화기 너머로 들려왔다. 그날은 사라진 사역자가 담당하는 부서의 겨울 수련회가 시작되는 날이기도 했다. 그러나 그는 주일 예배가 끝나도록 돌아오지 않았다. 나는 그의 아내를 데리고 경찰서로 가서 실종 신고를 했다. 그는 한 주차장에서 발견되었는데, 최소 10시간 이상 일산화탄소를 흡입한 채 혼수상태에 빠져 있었다. 급히 그를 병원으로 옮겼다.

상황을 수습하고 정신을 차려 보니 앞으로 펼쳐질 상황이 막막했다. 10년 전 개척한 더세움교회는 코로나 기간에도 성장 중이었다. 코로나 시대의 대안적 교회로 떠오르고 있었다. 성도들은 공동체를 신뢰했고, 공동체의 행보를 자랑스러워했다. 그런데 사역자가 자살을 시도했다. 나는 그동안 쌓아 올린 모든 것이 무너질까 봐 두려웠다. 한편으로는 화가 났다.

'아니, 평생 고아처럼 자란 사모, 이제 결혼한 지 채 1년도 안 된 사모는 무슨 잘못인가? 어떻게 사람이 이리도 무책임할 수 있단 말인가?'

생각이 꼬리에 꼬리를 물자 머릿속은 점점 복잡해졌다. 앞으로 펼쳐질 부정적인 상황들이 생각났고, 두려움이 몰려왔다. 순간 말씀 한 구절이 떠올랐다.

"아무것도 염려하지 말고 다만 모든 일에 기도와 간구로 … 하나님께 아뢰라"(빌 4:6).

염려의 문제는 우리가 모든 것을 통제할 수 없다는 한계에서 발생한다. 자연스러운 현상이라는 말이다. 그러나 우리는 아담 때부터 존재론적 한계를 거부하는 존재들이다. 그래서 우리는 통제 불가능한 상황에서 염려하고 스트레스를 받는다. 이때, 이런 우리를 잘 아는 하나님은 도전하신다.

"염려를 기도로 대체하라!"

염려는 상황과 자신을 바라볼 때 찾아온다. 반면, 기도는 하나님을 바라보는 것이다. 물론 염려를 기도로 대체한다고 해서 어려운 상황이 즉시 해결되는 것은 아니다. 대신 상황을 마주 대하는 우리의 정신적, 감정적 반응이 달라진다. 이유는 간단하다. 우리가 기도할 때 '그리스도의 초월적 평강'이 우리의 '마음과 생각'을 '지키시기' 때문이다(빌 4:7).

여기서 '지키다'는 헬라어로 '프루레오'(φρουρέω)라고 하는데, 이는 매우 특별한 단어다. 이 단어는 병사들이 적의 공격을 막고 있는 상황을 묘사하는 군대 용어로서 미래 능동태 시제가 사용되었다.[10] 즉, 하나님은 우리가 염려를 기도로 전환하는 순간 평강을 선물로 주실 뿐만 아니라, 계속해서 그 평강의 선물을 지키는 일까지 적극적으로 책임져 주신다.

짧은 순간 이 개념의 단편들이 머릿속에 떠올랐다. 그래서 즉시 나는 염려를 기도로 대체했다. 하나님께 이 문제를 맡겼다. 내 마음의 풍랑이 잠잠해지자 하나님께서 한 가지 생각을 떠오르게 하셨다.

'통령아, 네가 저 사역자의 아내라면 이런 상황에서 공동체가 너를 어떻게 대해 주기를 바라겠니?'

내가 그녀의 입장이라면 자신을 이 어려움 가운데 홀로 두지 않기를, 함께해 주기를 원했을 것이다. 필요한 도움을 받기를 원했을 것이다. 옆에서 격려해 주기를 원했을 것이다. 순간 복잡했던 머릿속이 맑아지면서, 전도사와 그의 아내의 기도 응답이 되어 주어야겠다는 마음이 생겼다.

3일 후, 그가 깨어났다. 나는 이 소식을 일주일간 성도들에게 일일이 알렸다. 급성 우울증이 왔고, 일주일간 불면증에 시달렸으며, 유서는 없었다는 소식과 함께 공동체가 그와 그의 아내의 기도 응답이 되어 주자고 부탁했다. 한 예로, 유급 휴가를 장기간 갖게 해서 전도사 가정이 치료와 생계에 지장이 없도록 하자고 제안했다. 감사하게도 전 성도가 그의 회복을 돕는 것에 마음을 모아 주었다. 사모가 담당하고 있던 소그룹은 다른 사모가 대신 감당하기로 했다. 다른 교역자들 역시 그가 해야 할 사역을 대신 감당했다.

예수님의 삶의 방식은 공평이 아니라 희생이다

사랑은 감정 그 이상이다. 상대를 위해 희생하는 것을 포함한다. 상대의 짐을 대신 짊어지는 것을 포함한다.

한 신혼부부가 크게 다투고 나서 담당 사역자를 찾아갔다. 이혼하고 싶다고 했다. 이유는 거창한 것이 아니었다. 신혼여행에서 돌아온 다음 날, 아내가 남편에게 말했다.

"오빠, 이불을 개서 이불장에 넣어 주면 안 돼?"

돌아온 대답이 크게 상처가 됐다고 한다.

"나 회사에 늦었어. 네 일은 네가 알아서 해!"

이후 상당 기간 커플은 누가 아침 이불을 정리할 것인지를 놓고 다퉜다. 묵묵히 이야기를 경청한 담당 사역자가 말했다.

"해결 방법은 간단합니다. 매트리스는 힘센 남편이 정리하시고, 이불과 베개는 아내가 정리하세요."

커플은 그런 방법이 있었느냐며 기뻐하며 돌아갔다고 한다.

우리는 상대를 위해 희생하고 싶지 않아 한다. 그래서 공평의 원리를 추구한다. 공평의 원리가 무엇인가? 상대가 잘해 주면 나도 잘해 주고, 상대가 못하면 나도 못하는 것이다.

우리 아이들은 자주 공평의 원리를 주장하며 싸운다. 오늘 아침에도 여덟 살 하음이는 다섯 살 이음이가 자기보다 사과를 한 개 더 먹었다고 짜증을 부렸다. 물론 부모의 눈에는 그런 모습조차 사랑스럽고, 아이에게 양보와 이해라는 개념을 다시 한 번 알려 줄 기회가 되지만, 그 행동 자체는 매우 유치하다. 그런데 다 큰 성인인 우리도 공평의 원리를 외친다. 그 결과는 무엇인가? 그가 속한 공동체는 유치해진다. 수준 미달이 된다. 반면, 어떤 모임이나 공동체는 시간이 지날수록 섬김과 사랑의 수준이 높아지는 경우가 있다. 비결이 무엇일까? 상대보다 하나 더 주고, 한 번 더 희생하는 '한 사람'이 그곳에 있다. 그의 희생과 섬김이 다른 이들의 마음에 잔잔한 파문을 일으킨다. 자기 이익만 품었던 마음이 무장 해제되고, 자발적 섬김과 사랑의 분위기가 공동체에 형성된다.

생각해 보면, 이것은 예수님의 삶의 방식이었다. 만약 예수님이 공평의 원리로 우리를 대하셨다면 우리에게 남는 것은 혹독한 심판밖에 없다. 그분이 당신의 유익을 먼저 구하셨다면, 그래서 십자가를 포기하셨다면 우리에게 소망은 없다. 그분이 우리 모습이 괜찮아서 우리를 사랑하셨다면, 우리 중 누구도 사랑받지 못했을 것이다. 그러나 그분은 우리를 사랑하기로 결정하셨고, 우리의 유익을 구하셨다.

예수님이 십자가를 앞두고 겟세마네 동산에서 어떻게 기도하셨는지를 떠올려 보라. 그분은 십자가의 고통이 얼마나 끔찍할지를 아셨다. 잠시 후 3년이 넘도록 사랑의 수고를 아끼지 않고 섬겼던 제자 가룟 유다가 당신을 배신할 것을 아셨다. 남은 제자들 역시 당신을 버리고 도망갈 것을 아셨다. 게다가 십자가는 단순한 고통의 장소가 아니었다. 십자가는 단 한순간도 하나님과 떨어져 본 적이 없는 예수님이 죄인의 대표로 서 있어야 하는 곳, 즉 하나님과 철저한 단절을 경험하는 장소였다. 그래서 그분은 십자가에서 외치셨다.

"나의 하나님, 나의 하나님, 어찌하여 나를 버리셨나이까"(마 27:46).

이 고백은 정말 사랑하는 사람과의 단절을 겪고 있는 사람만이 내뱉을 수 있는 절규다. 당시 예수님이 느꼈을 절망감은 어떠했을까? 상상할 때마다 과거 암스테르담 공항에서 세 살 하음이를 잃어버렸던 사건이 떠오르곤 한다. "어" 하는 순간 아이가 사라졌다. 순간 가슴이 내려앉는 느낌이 들었고, 공항이 떠나갈 정도로 하음이의 이름을 부르며 이리저리 뛰어다녔다. 내 아이를 잃을지도 모른다는 절망감에 너무 힘들었다. 세상 모든 것을 잃은 것 같은 기분이었다. 부모인 내 마음도 이러했는데, 그때 하음이의 마음은 어땠을까?

예수님에게 십자가가 이런 의미였다. 수많은 군중 속에서 갑작스럽게 부모와 떨어진 아이의 심정, 자녀를 잃어버린 부모의 심정 그 이상이었을 것이다. 그분에게 십자가에 못 박히는 고통이나 채찍질은 이 경험에 비하면 아무것도 아니었다. 그래서 그분은 고민하셨다. 하지만 그분은 우리의 유익을 구하기로 결정하셨다.

이 시대는 사랑을 감정의 영역에 묶어 두었다. 그래서 사랑은 상대의 유익을 구하는 것, 치열하게 고민하고 생각하는 과정을 통해 드러나는 것이라는 관점을 모른다. 그저 사랑은 빠지는 것이라고 주장하는 디즈니의 패러다임에 빠져 있다. 그들의 논리대로 관계를 맺고 살아가면 어떻게 될까? 생각해 보면, 신데렐라는 왕자와 몇 초 대화한 후 사랑에 빠져서 결혼했고, 잠자는 숲속의 공주는 왕자와 키스 한 번, 단 몇 마디 대화를 나눈 뒤 사랑에 빠졌다. 이런 사랑이 성숙한 관계로 발전

할 수 있을까?

결혼은, 아니 성숙한 관계는 만나서 좋은 것만 하는 것이 아니다. 서로 힘든 것을 함께 감당하는 것이다. 때로는 서로를 견뎌 주고 허물을 덮어 준다. 바라는 존재가 되기보다 돕는 존재가 되어 준다. 이것을 잘 이해했던 노옴 웨이크필드(Norm Wakefield)는 매일 아침마다 "하나님, 오늘도 사랑할 기회를 주셔서 감사합니다. 아내를, 아이들을 섬길 기회를 주셔서 감사합니다"라고 기도했다고 한다.

아빠가 되고 보니 이것은 결코 당연한 고백이 아니었다. 아침에 일어나면 피곤하다. 더 자고 싶다. 그런데 아이들을 씻겨야 하고, 등원시켜야 한다. 가끔은 퇴근하기가 싫다. 집에 가면 아이들과 놀아 줘야 하기 때문이다(그래서 우리 교역자들이 가끔 퇴근 안 하느냐고 물으면 씩 웃나 보다).

노옴 웨이크필드의 고백은 의지적 결단이 담긴 기도다. 예수님의 사랑 방식, 즉 희생과 섬김으로 살겠다는 고백이다. 상대의 기도 응답이 되어 주겠다는 고백이다.

사랑은 감정이 아니라 행동이다

○○○ 전도사가 깨어난 후 몇 달간, 우리는 그가 혹시 자살 시

도를 다시 할까 봐 그의 아내가 밤 근무를 해야 하는 날이면 그의 집에서 보초를 서야 했다. 내가 가장 먼저 그의 집에 가서 잠을 잤는데, 그에게 안 좋은 일이 생길까 봐 긴장하며 선잠을 잤던 기억이 아직도 생생하다. 그럼, 그가 이 모든 과정을 보며 자기 행동을 뉘우치고 이전보다 열심히 사역하면 참 좋을 텐데, 그는 한동안 밤새 온라인 게임에 빠져 지냈다. 당연히 몇 시간 늦게 출근하는 일이 자주 있었다. 온라인 게임을 같이하는 사람들과 특정 파티를 맺고 사냥을 해야 하는 일이 생기면 근무 도중에 사라지기도 했다.

당시 나는 그의 행동을 이해할 수 없었다. 나 같으면 고마운 마음에 하루빨리 재활해서 은혜를 갚으려고 할 것이라는 생각을 자주 했다. 그리고 그렇게 1년이 흘렀다. 이 절망적인 시간이 언제까지 계속될지 암담했다. 그의 회복을 기다리며 감수해야 할 손해를 직면해야 했다. 당장 그가 해야 할 역할을 나머지 교역자들이 나누어 감당한 여파를 피부로 느껴야 했다. 한 예로, 그에게 맡겨진 사역이 잘 진행되고 있는지 옆에서 매번 챙겨 줘야 하는 번거로움을 감수해야 했다. 긴장하면 거짓말부터 하는 그의 연약함을 이해하고 감싸 주려고 애써야 했다. 교역자들은 체력적, 정신적으로 지쳐 갔다.

하루는 선임 교역자의 낯빛이 어두웠다. 이유를 물었더니 아무 일도 아니라고 했다. 그날 오후 티타임을 하는 편안한 분위기 속에서 그가 지난밤에 있었던 일을 말했다. 교역자들이 저녁에 모여 줌으로 회의하기로 했는데 그 전도사가 들어오지 않았다고 한다. 심지어 전화도 받지 않았다. 주변 사람들을 통해 알아보니 그가 차를 타고 나갔다는 것이었다. 순간 선임 교역자는 그때의 기억 때문에 손이 덜덜 떨렸다고 했다.

'다시 그 일이 벌어지는 건 아니겠지?'

선임 교역자는 두려움을 느꼈다. 다행히 1시간 30분 뒤 그와 연락이 됐고, 상황은 일단락이 됐다.

뒤늦게 이 일에 관해 듣고는 마음이 아팠다. 그의 회복을 돕는 과정에서 다들 힘든 싸움을 감당하고 있음을 보았기 때문이다. 나는 이 일을 계기로 자살을 시도했던 사역자와 만나 그가 편안한 환경에서 사역할 수 있도록 그의 역할을 대폭 축소했다. 그리고 다른 교역자들의 마음을 어루 만졌다. 물론 그렇다고 이 사역자의 행동이 극적으로 변화된 것은 아니다.

누군가의 기도 응답이 되어 준다는 것은 결코 낭만적인 일이 아니다. 이것은 현실이다. 그의 기도 응답이 되어 주기 위해 내가 감수해야 할 어려움이 반드시 있다. 예수님도 그러셨다. 그분은 우리를 구원하기 위해 인간의 몸으로 이 땅에 오셨다. 이것을 신학자들은 그리스도의 '자기 비하'라고 표현한다. 왜 그런지 아는가? 창조주가 피조물이 되었기 때문이다. 나는 이 사건을 이렇게 표현하곤 한다. 아무리 사랑하는 반려

동물이 있어도 그 동물을 구하기 위해 개나 고양이가 될 사람이 세상 어디에 있겠는가? 그런데 예수님은 절대 있을 수 없는 일을 우리를 사랑함으로 감행하셨다.

그뿐인가? 그분은 우리 인생의 고단함과 아픔, 좌절을 몸소 경험하셨다. 어린 시절 아버지의 죽음을 겪으셔야 했다. 이후 가족을 부양하셔야 했다. 추위와 배고픔을 아셨고, 피곤함을 자주 느끼셨다. 사람들에게 거절과 배신을 당하셨다. 게다가 우리 죄를 대신해서 십자가의 저주를 감당하셨다. 그래서 성경은 말한다.

> "우리에게 있는 대제사장은 우리의 연약함을 동정하지 못하실 이가 아니요 모든 일에 우리와 똑같이 시험을 받으신 이로되 죄는 없으시니라"(히 4:15).

세상 어디에 우리를 이렇게 사랑하는 존재가 있는가? 예수님은 당신의 모든 것을 희생함으로 우리의 기도 응답, 구원이 되어 주셨다. 이것은 예수님 편에서 보면 황홀한 경험이 아니었다. 어려움과 아픔이었고, 이로 인해 고민하며 몸부림치는 밤을 보내셔야 했다.

혹시 당신 주변에 다른 이의 기도 응답이 되어 주기 위해 치열하게 일상을 감당하는 이들이 있는가? 그들이 때로는 삶이

고되고 힘들어 당신에게 어려움을 토로할 때 "그래도 감당하셔야죠. 하나님의 사랑을 구하세요"라고 너무 쉽게 말하지 말라. 그도 잘 알고 있다. 그런데 너무 지친 것뿐이다. 끝나지 않을 것 같은 상황이 절망스러웠을 뿐이다.

부탁한다. 그가 지금까지 감당해 온 무게를 당신과 나는 상상할 수 없다는 겸손함으로 그의 이야기를 경청해 보라. 그냥 말없이 밥 한 끼를 먹어 주라. 우울감과 탈진으로 죽기를 구했던 엘리야에게 숯불구이와 물, 천사표 마사지와 잠을 제공하셨던 아버지 하나님의 본을 따라서.

나도 하나님이 먼저 보이신 본을 따라 그 전도사를 대하기로 했다. 한번은 교역자들을 모아 놓고 말했다.

"우리 칭찬과 격려의 힘을 한번 믿어 봅시다. ○○○ 전도사가 무엇을 하든 우리 칭찬합시다."

그런데 놀라운 일이 일어나고 있다. 그가 정말 많이 좋아진 것이다. 내게 와서 자기감정을 이야기할 정도로. 자기에게 주어진 영상 사역을 잘 감당하는 것은 덤이고 말이다.

인생과 사람, 성경에 대한 앎이 깊어질수록 사랑은 감정이 전부가 아니라는 것을 이해하게 된다. 사랑 장으로 널리 알려진 고린도전서 13장은 사랑을 명사가 아닌 동사로 설명한다. 즉, 원문에 충실한 번역은 "사랑은 온유하며"(4절)보다 "사랑은 온유를 보여 주며"로 해석하는 것이 더 적절하다. 필 라이큰

(Phil Graham Ryken)이 쓴 《사랑한다면 예수님처럼》(생명의말씀사 역간)
에 보면 이런 내용이 나온다.

**사랑은 드러내야 하고, 보여주어야 하고, 증거 해야 하고, 확실하게
눈에 보여야 한다.**[11]

나는 자주 아내에게 사랑한다고 말한다. 그때마다 아내는
"내 사랑의 언어는 봉사예요"라고 말한다. 말로만 사랑하지
말고 집안일을 도우라는 것이다. 그래서 집안일을 돕기 시작
했다. 아, 아내가 말하기를 '돕는다'라는 단어보다 '함께한다'
라는 단어를 쓰라고 했다. 집안일을 함께하고 나면 인정받고
싶은 마음이 발동한다. 그래서 생색을 내 본다. 최근 아내의
요구 사항이 추가되었다. 생색내며 청소하지 말기.
다시 말한다. 사랑은 감정이 아니다. 행동이다.

은혜의 선순환을 경험하는 인생

만약 당신이 이 글을 읽고 누군가의 기도 응답이 되어 주기
로 결정했다면, 기억하라. 하늘의 자원을 누리게 될 것이다.
하나님의 개입을 경험하게 될 것이다. 코로나 기간에 체코

에서 유럽 선교사 자녀 수련회가 있었다. 내가 속한 공동체는 1천만 원의 후원금과 함께 나를 포함해서 총 여섯 명의 스태프가 행사를 돕기 위해 참석했다.

체코로 출발하는 당일, 수련회를 개최한 선교사로부터 후원금이 적게 들어왔고, 진행 비용은 예상보다 많이 들 것 같다는 이야기를 들었다. 그는 하나님이 채워 주실 것을 믿으며 수련회 마지막 날까지 기도할 테니 같이 기도해 달라고 요청했다. 나는 그 말을 듣자마자 기도했다.

수련회를 시작하는 날 아침, 그에게 다시금 급한 전화가 걸려 왔다. 호텔 행정실에서 행사 전까지 부족금을 입금하지 않으면 장소 대관 자체를 취소하겠다며 일방적으로 통보했다는 내용이었다. 당황스러웠다. 한편으로는 외면하고 싶었다. 그때 내가 늘 외치던 문장, '상대의 기도 응답이 되어 주는 인생을 살라'는 말이 생각났다. 그래서 즉시 하나님의 도움을 구했다. 내가 선교사님의 기도 응답이 되어 주고 싶다고 기도했다. 그런데 잠시 후 기적이 일어났다. 공동체에 속한 한 성도의 전화를 받았는데, 유럽 선교사 자녀 수련회를 위해 3천만 원을 보내겠다고 했다. 나는 하나님의 세밀하심에 다시 한 번 무릎을 꿇었다. 하나님은 이미 다 준비하고 계셨다. 그저 내가 그의 기도 응답이 되어 주기를 기다리고 계셨던 것이다.

나는 자주 성도들에게 '은혜의 선순환'을 일으키는 자가 되라고 도전한다. 최근에 한 선교지를 돕고 싶은 마음이 있어서 기도하고 있었다. 그런데 다음 날 놀라운 일이 일어났다. 한 성도가 선교지를 위해 써 달라고 100만 원을 보내 왔다. 그런 데 마냥 기뻐할 수 없었다. 전날 한 청년이 선교를 가는데 기 도해 달라고 찾아왔다. 이런저런 이야기를 하다가 선교비가 300만 원이라는 말을 듣게 됐다. 그래서 선교비는 어떻게 마 련했느냐고 물었더니, 청년은 망설이다가 이렇게 말했다.

"목사님, 100만 원이 부족해서 카카오 대출받았습니다."

순간 하나님께서 내게 부족금 일부를 섬기라는 마음을 주 셨다. 나는 속으로 하나님께 말씀드렸다.

'오늘 아침에 제 속옷에 구멍 난 것 보셨죠? 제가 헬스장에 갈 때마다 신는 양말에 구멍 난 것도 보셨죠?'

사실 부끄러운 이야기지만, 몇 주 전부터 아프리카 기니비 사우에 단기 선교를 간 청년과 그 선교 팀원을 위로하라는 마 음도 무시하고 있었다. 하나님은 한 성도의 헌신을 통해 나를 책망하고 계셨다. 결국 나는 며칠 더 버티다가 항복하고 물질 을 두 청년에게 흘려보냈다. 이렇게 고백하면서 말이다.

"하나님, 저는 축복의 종착지가 아니라 기점입니다."

이날 물질을 받은 한 청년이 톡을 보내 왔다.

"목사님, 너무 감사합니다!! 많은 선교 팀원이 장티푸스에 걸려 힘든 시간을 보냈어요. 다행히 지금은 식기류와 화장실을 매일 락스로 소독해서 어느 정도 상황이 나아졌습니다. 목사님의 기도와 격려가 저에게 그리고 저희 팀에게 많은 힘이 되었습니다! 보내 주신 물질은 기도해 보며 하나님이 원하시는 곳에 잘 쓰도록 하겠습니다."

보라, 청년도 주어진 물질을 기도해 보고 하나님이 원하시는 곳에 쓰겠다고 고백하지 않는가? 하나님의 역사는 대부분 이렇게 일어난다. 하나님이 주시는 마음에 순종함으로, 누군가의 기도의 응답이 되어 주는 한 사람을 통해 시작된다. 그 한 사람을 통해 자신의 기도에 응답해 주시는 하나님을 경험하면 자기 역시 누군가의 기도의 응답이 되어 주는 삶을 시작한다. 이 단계를 몇 사람만 거쳐도 내 기도에 다른 누군가가 기도의 응답이 되어 주는 일을 경험하는 은혜의 선순환을 배우게 된다.

나는 당신이 이 은혜의 선순환이 시작되는 출발점이 되었으면 좋겠다. 이렇게 살아갈 때 당신의 신앙은 활력을 되찾게 될 것이다. 하나님의 역사를 자주 경험하면서 하나님과 더 깊은 관계로 나아가게 될 것이다. 사람들과 더불어 살아가는 기쁨을 누리게 될 것이다. 당신을 이 행복한 삶으로 초대한다.

기도

하나님, 사랑은 감정 이상이라는 말이 너무 무섭습니다. 사랑은
희생을 포함하고 있다는 말, 상대의 짐을 대신 짊어지는 것을 포
함한다는 말이 머릿속으로는 동의가 되면서도 입으로 삼키자니
너무 쓰게 느껴집니다. 사실 저는 기도 응답이 되어 주어야 할 사
람보다는 비슷한 수준에서 서로의 유익을 주거니 받거니 할 수 있
는 공평한 관계를 맺을 사람이 곁에 있었으면 좋겠습니다.

이런 제 타락한 본성을 알기에, 의지적으로 예수님이 베푸신 십
자가 은혜를 기억해 봅니다. 예수님이 공평의 원리로 대하셨다면
제게 남은 것은 혹독한 심판뿐이었을 것입니다. 예수님이 당신의
유익을 먼저 구하셨다면, 그래서 십자가를 포기하셨다면 제게는
소망이 없었을 것입니다. 예수님이 제 모습이 괜찮아서 사랑하셨
다면, 저는 사랑받지 못했을 것입니다.

예수님은 십자가의 고통이 어떤 것인지 알고 계셨습니다. 십자
가는 영원 전부터 단 한순간도 하나님과 떨어져 본 적 없는 예수
님이 죄인의 대표로 서 계셔야 하는 곳, 즉 하나님과 철저한 단절
을 경험해야 하는 장소였습니다. 이것을 미리 다 아셨기에 예수
님도 십자가를 앞두고 고민하셨던 것이지요? 하지만 결국 우리의
유익을 구하기로 선택하셨음을 기억합니다.

예수님, 여전히 사랑을 감정의 영역에 두고 싶은 저이지만, 용

기 내어 예수님의 십자가를 붙듭니다. 저에게 베푸신 사랑이 진정한 사랑임을 인정하며, 저도 누군가의 기도 응답이 되어 주기를 원합니다.

배우자를 잘 견뎌 주는 사람으로 살겠습니다. 상대의 허물을 덮어 주겠습니다. 바라는 존재가 되기보다 돕는 존재가 되겠습니다. "위해서 기도할게"라고 말하는 것보다 기도의 응답이 되어주는 사람이 되겠습니다. 하나님, 저를 붙들어 주십시오.

예수님의 이름으로 기도합니다. 아멘.

생각 나눔

1. 누군가를 사랑하기로 결단한 후에 손익 계산을 해 본 적은 없는가? 공평의 원리가 사랑하는 삶에 어떤 영향을 끼치는가?

2. 은혜의 선순환을 경험한 적이 있다면 나누어 보라. 혹시 홀로 이 책을 읽고 있다면 그 경험을 적어 보라.

3. 다른 이의 삶의 무게를 함께 짊어질 준비가 되었는가? 떠오르는 이가 있다면 지금 바로 연락해서 식사 한 끼를 대접해 보자.

2부

○○○　　○○
부족함을 전환하는 시간

보고 싶은 것이 아닌

보이는 것에 길이 있다

하나님을 오해하면 꿈을 이해할 수 없다

나는 한때 자체 금지곡이 있었다. 〈주님 내가 여기 있사오니〉
(최덕신 작사/작곡). 나는 이 찬양이 두려웠다. 중학교 3학년 때부터
기도해 왔던 '서울, 4만 명 교회 담임목사'가 되고 싶은 소원을
좌절시킬지도 모르는 찬양이라고 생각했기 때문이다.

"주님 내가 여기 있사오니 나를 보내소서."

혹시 하나님이 듣고 감동해서 나를 낙도로 보내시면 어떻
게 하는가? 아프리카에 선교사로 보내시면 어떻게 하는가? 그
래서 신학교 채플 시간마다 이 찬양을 부를 때면 입을 꾹 다물
고 있었다. 그러던 어느 날, 이런 생각이 들었다.

'혹시 타 학과 학생들이 '신학생이 찬양도 안 부르고, 대체
뭐 하는 건가?' 하고 생각하면 어쩌지?'

당시 나는 내면이 튼튼하지 못했기에 다른 사람의 시선을

자주 의식했다. 그래서 가사를 바꿔 부르기 시작했다.

"주님 재가 여기 있사오니 재를 보내소서(낙도로, 아프리카로)!"

그날 이후 예배당을 나올 때면 어찌나 기분이 좋던지, 잠재적 경쟁자 몇 명을 보내 버린 기분이었다. 여담이지만, 당시 나와 친하게 지냈던 동기들 다수가 해외에서 사역 중이거나 공부 중이다. 몇 년 전, 네덜란드에서 공부하고 있는 친구에게 "내가 너 해외에서 공부하게 도와준 거다" 하며 그때의 이야기를 전해 주었다.

찬송가 중에도 자체 금지곡이 있었다. 〈부름 받아 나선 이 몸〉(이호운 작사, 이유선 작곡). "부름 받아 나선 이 몸"까지는 좋다. 그런데 다음 가사가 문제다.

"어디든지 가오리다."

나는 서울, 4만 명 교회만 가고 싶었다. 그런데 2절 가사는 더 문제가 많다.

"아골 골짝 빈 들에도."

빈 들에 4만 명이 어디 있는가? 그래서 부르지 않았다.

이런 웃픈 행동을 한 것은 당시 내가 가지고 있던 하나님에 관한, 꿈에 관한 관점이 올바르지 않았기 때문이다. 나는 평생 힘들게 목회하시는 아버지를 보고 자랐다. 교회의 분열과 그 과정에서 주고받는 상처를 피부로 경험했다. 경제적 어려움과 그에 따른 부모님의 갈등은 덤으로 겪어야 했다.

당시 어렸던 나는 자주 하나님께 질문했다.

"하나님, 왜 당신을 위해 살겠다고 헌신한 사람의 인생을 이렇게 힘들게 하십니까?"

성경을 통해 이 의문을 풀어 가기보다, 내가 겪고 있는 상황을 통해 해석하려고 하다 보니 결국 하나님을 오해하기에 이르렀다. 하나님은 당신을 위해 헌신하는 사람을 마구 써먹는 악덕 업주. 조금이라도 실수하면 가차 없이 징계하는 무서운 분. 아무리 기도해도 내게 관심조차 주지 않는 매정한 존재.

정말 하나님은 이런 분이신가? 예수님은 나와 같이 하나님을 오해하는 이들을 위해 잃어버린 아들의 비유를 알려 주셨다. 집 나간 둘째 아들이 다시 돌아왔을 때 하나님을 상징하는 아버지는 잔치를 베풀었다. 아버지는 아들로 인해 입은 손해를 계산하지 않았다. 그저 돌아온 아들로 인해 기뻐하고 즐거워했다. 그래서 큰돈을 들여 잔치를 열었다.

"아버지는 종들에게 이르되 제일 좋은 옷을 내어다가 입히고 손에 가락지를 끼우고 발에 신을 신기라 그리고 살진 송아지를 끌어다가 잡으라 우리가 먹고 즐기자 이 내 아들은 죽었다가 다시 살아났으며 내가 잃었다가 다시 얻었노라 하니 그들이 즐거워하더라"(눅 15:22-24).

하나님은 명분이나 경제적 논리보다 집 나간 자녀가 돌아온 사실을 더 가치 있게 여기는 아버지이시다. 자녀의 존재 자체를 기뻐하고 사랑하는 아버지이시다. 나는 당신이 이 진리를 꼭 붙들기를 바란다. 나와 같이 자신이 겪은 상황으로 하나님을 해석하는 어리석음을 범하지 않기를 바란다.

하나님이 보여 주시는 꿈을 붙잡으라

한편, 꿈을 갖게 된 동기에 문제가 있었다. 당시 나는 결핍을 꿈의 자원으로 삼았다. 나는 작은 도시에서 소수의 성도를 대상으로 목회하는 아버지처럼 살고 싶지 않았다. 소위 성공하고 싶었다.

가난과 가정불화, 실패의 흔적만 가득한 집과 고향을 벗어나 성공하고 싶은 마음이 들끓던 중3 여름 방학 기간에 한 목사님의 설교를 듣게 됐다. 그는 2만 명이 모이는 교회의 담임목사였다. 그가 전한 말씀보다 그가 서울, 큰 교회 목회자라는 것이 내게는 강렬한 인상으로 남았고, 그래서 이날 집회를 계기로 최소 4년간 이렇게 기도했다.

"하나님, 서울, 4만 명 교회의 담임목사가 되게 해 주세요."

나는 간절히 기도했다. 하나님은 잘못된 꿈을 붙잡고 사는 이런 나를 시간 안에서 변화시켜 가셨다.

　20대 중반에 한 콘퍼런스에 참여했다. 원해서 간 콘퍼런스는 아니었다. 담임목사님이 전 교역자는 의무적으로 참석하라고 하셔서 갔었다. 억지로 끌려간 사람이 집회에 참여하는 태도를 알고 있는가? 맨 뒷자리에 다리를 꼬고 비딱하게 앉아 있었다. 그런데 내 눈앞에 한 가지 그림이 보이는 게 아닌가? 맨땅에 교회가 세워지고 도시가 형성되더니 교회가 도시를 복음으로 변화시키는 그림이었다(나는 신비주의자가 아니지만, 기독교는 신비하다).

　당시 나는 직감했다.

　'시골이다! 서울에 이런 맨땅은 없다.'

　하나님께서 나를 설득하고 계신다는 것을 직감적으로 알았다. 거부하고 싶었지만, 혹시 거부했다가 호되게 매 맞을까 두려워 이러지도 저러지도 못했다(이것 역시 신앙의 선배들에게 들은 잘못된 신념이다). 그날 오후 5시까지 이 그림은 사라지지 않았다. 문득, 이렇게 살면 일상생활이 불가능하겠다 싶었고, 그래서 꼼수를 부렸다.

　"하나님, 집에 가서 한번 생각해 보겠습니다."

　거짓말처럼 눈앞의 그림이 사라졌다. 이후로 나는 절대 이 일에 관해 기도하지 않았다.

　시간이 흘러 20대 후반 수요 기도회 시간, 본당 문 앞에서 교역자들과 함께 도열해 성도들을 맞이하고 있었다. 그런데 마음 한가운데 예배당에 들어가서 찬양하고 싶다는 강렬한 열망이 생겨 수석 부목사님께 허락을 구하고 안으로 들어갔다. 이때 눈치챘어야 했다. 하나님의 전략이라는 것을.

"주님 다시 오실 때까지 나는 이 길을 가리라. 좁은 문 좁은 길 나의 십자가 지고."

순간 울컥해 두 눈을 감고 찬양했다. 그런데 익숙한 그림이 보이는 게 아닌가? 맨땅에 교회가 세워지고 도시가 형성되더니 교회가 도시를 복음으로 변화시키는 그림 말이다. 이미 나는 은혜 받고 마음이 무장 해제된 상태였다. 그래서 고백했다.

"주님이 원하시는 대로 나를 사용해 주세요."

하나님은 시간 안에서 나를 설득하셨다. 이후 30대 초반 새벽 기도 중에 그 그림을 다시 보았고, 그곳이 김천이라고 알려 주셔서 이후 김천에 개척하게 되었다. 내려가 보니 왜 하나님이 나를 이곳으로 부르셨는지 알게 되었다. 정말 맨땅이 있었다. 막 김천 혁신도시가 공사 중에 있었다. 그리고 지금 섬기고 있는 더세움교회는 김천 혁신도시 한복판에 자리하고 있다. 하나님은 신실하시다!

혹시 당신도 과거의 나처럼 당신의 삶을 하나님께 맡기면 이후의 삶은 어려움만 가득할 것 같다고 생각된다면, 예레미야 29장 11절을 읽어 보라.

"여호와의 말씀이니라 너희를 향한 나의 생각을 내가 아
나니 평안이요 재앙이 아니니라 너희에게 미래와 희망을
주는 것이니라."

당신의 계획이 좌절될까 봐 두렵다면, 이사야 55장 8-9절을
읽어 보라.

"이는 내 생각이 너희의 생각과 다르며 내 길은 너희의 길
과 다름이니라 여호와의 말씀이니라 이는 하늘이 땅보다
높음같이 내 길은 너희의 길보다 높으며 내 생각은 너희
의 생각보다 높음이니라."

꿈, 맡겨진 것에 충성하는 삶

물론, 나는 이후에도 꿈에 대해 여전히 배워야 했다. 서른한
살에 교회를 개척한 뒤, 나는 대학에서 겸임이지만 학생들을
가르쳤었다. 게다가 미션 스쿨에서 교목도 하고 있었다. 이
세 가지 역할, 혹은 직업은 내가 어릴 적 해 보고 싶은 일이었
다. 이것을 자각한 그날 아침, 나는 마치 방향을 잃어버린 사
람이 된 기분을 느꼈다. '꿈=목표 or 하고 싶은 일 or 역할'이

라는 패러다임을 가지고 살았던 사람이 마주하게 되는 일을 겪게 된 것이다.

'꿈이란 무엇일까?'

나는 본질적인 질문의 해답을 찾지 못해 답답했다.

이 과정에서 다니엘이 보였다. 그는 세 명의 친구와 함께 자신의 고국을 무너뜨린 바벨론 제국에 포로로 끌려가야 했다. 심지어 원수 바벨론의 학문과 종교, 언어를 배워야 했다. 게다가 일정 기간이 지난 후 바벨론의 하급 공무원이 되어 바벨론의 이익에 기여해야 했다.

이들에게 누군가 "꿈이란 무엇인가?"라고 물었다면 뭐라고 대답했을까? 이들은 하고 싶어서 이 역할들을 감당하고 있는 것이 아니다. 이들의 역할은 오히려 자기 나라를 무너뜨린 적을 더 부강하게 하는 것이었다.

우리가 성경을 통해 한 가지 알 수 있는 것은, 다니엘과 세 친구는 단 한 번도 바벨론의 고위층이 되는 것을 목표로 삼지 않았다는 점이다. 이들은 고위 공무원이라는 직업 혹은 직책에 오르게 해 달라고 기도하지 않았다. 그래서 직업을 잃을지도 모를 상황에서 믿음의 선택을 할 수 있었다. 풀무불 앞에서도 신앙을 지킬 수 있었다. 사자 굴에 던져질 상황에서도 가장 먼저 하나님께 기도했다.

즉, 이들에게 꿈은 직업도 성공도 아니었다. 더욱이 생존도 아니었다. 이들에게 꿈은 '하나님이 맡겨 주신 날마다의 삶을 감당하는 것'이었다. 아마 이들은 선지자 예레미야를 통해 하나님이 주신 말씀을 붙들었을 것이다.

"만군의 여호와 이스라엘의 하나님께서 예루살렘에서 바벨론으로 사로잡혀 가게 한 모든 포로에게 이와 같이 말씀하시니라 너희는 집을 짓고 거기에 살며 텃밭을 만들고 그 열매를 먹으라 아내를 맞이하여 자녀를 낳으며 너희 아들이 아내를 맞이하며 너희 딸이 남편을 맞아 그들로 자녀를 낳게 하여 너희가 거기에서 번성하고 줄어들지 아니하게 하라 너희는 내가 사로잡혀 가게 한 그 성읍의 평안을 구하고 그를 위하여 여호와께 기도하라 이는 그 성읍이 평안함으로 너희도 평안할 것임이라"(렘 29:4-7).

이것은 당시 포로로 잡혀간 유대인들에게 충격적인 말씀이었다. 그러나 다니엘과 세 친구는 하나님의 말씀에 따라 맡겨진 삶에 충성을 다했다.

이 관점으로 요셉을 보라. 그는 보디발의 집 노예였다. 이후 하나님의 은혜로 보디발의 집 가정 총무가 되었다. 물론 보디발의 아내가 누명을 씌워 감옥에 갇혔지만, 하나님의 은혜로 간수장이 감옥의 제반 사무를 그에게 맡겼다. 이후 우리가 잘 아는 대로 요셉은 왕의 꿈을 해석해 준 뒤 이집트의 총리가 되었다.

요셉의 직업은 상황에 따라 바뀌었다. 그러나 그는 늘 하나님이 맡겨 주신 삶의 자리에서 충성했다. 그의 삶을 성경은 이렇게 소개한다.

"여호와께서 요셉과 함께하시므로 그가 형통한 자가 되어 그의 주인 애굽 사람의 집에 있으니 그의 주인이 여호와께서 그와 함께하심을 보며 또 여호와께서 그의 범사에 형통하게 하심을 보았더라"(창 39:2-3).

'여호와께서.' 요셉은 하나님이 주어가 되어 이끄시는 인생을 살았다. 그는 사람이 아니라 하나님 앞에서 모든 것을 감당했다. 요셉의 삶은 에베소 기자가 권한 성도의 삶의 표본이다.

"기쁜 마음으로 섬기기를 주께 하듯 하고 사람들에게 하듯 하지 말라"(엡 6:7).

즉 '비전' 혹은 '꿈'은 역할이나 직업이 아니라, 맡겨진 것에 충성하는 삶 그 자체다.

하나님 안에서 삶의 가치를 발견하라

한 자매가 자신은 실패자라고 했다. 수년 동안 임용 고시를 준비했지만 계속 실패했고, 도피처로 결혼을 택했다고 했다. 자신이 지금 겪고 있는 어려움은 그때 도피처로 결혼을 택한 결과물이라고 했다. 나는 그녀에게 이렇게 말했다.

"자매, 하나님이 맡겨 주신 아내의 자리, 엄마의 자리도 하나님의 꿈이 이루어지는 현장입니다."

물론 이런 삶은 너무나 평범해 보여서 큰 의미를 부여하기가 쉽지 않다.

한 여 선교사도 '평범함'과 싸워야 했다. 평소 왕성하게 사역하던 사람이 온종일 아이에게 집중해야 했다. 사역에서 오는 보람을 더는 느낄 수 없었고, 예배드릴 때조차 유아실에서 잘 들리지 않는 설교를 듣기 위해 안간힘을 다 써야 했다. 하루는 너무 서럽고 힘들어 펑펑 울고 있었는데 성령께서 그녀의 마음에 감동을 주셨다.

"딸아, 네가 아이를 키우는 것 자체가 내게 예배하고 있는 거란다."

하나님이 맡겨 주신 역할 혹은 삶이 때로는 지극히 작게 느껴질 수 있다. 어떤 의미도 찾을 수 없을 정도로 말이다. 어쩌면 타인에게는 성공한 인생처럼 보이지만 스스로 삶을 평가

할 때는 제대로 성취한 것이 없다고 느껴질 때도 있다. 마치 영화 〈어바웃 슈미트〉(About Schmidt)의 극중 주인공 '워런 슈미트'처럼 말이다. 그는 남들이 보기에 성공한 인생이었다. 그리고 은퇴해서 편안한 노후를 보내고 있다. 이 시대가 꿈꾸는 삶이 아닌가? 그런데 그의 생각은 다르다. 그가 한 소년에게 쓴 편지를 읽어 보라.

이 세상 무엇이 나 때문에 더 나아졌을까? … 언젠가 내가 죽고, 나를 아는 모든 사람도 죽으면 마치 내가 전혀 존재하지 않았던 것처럼 될 거야. 내 인생은 다른 누군가에게 어떤 차이를 만들었을까? 내가 생각해 낼 수 있는 게 아무것도 없네.[12]

나도 종종 이 질문이 내면을 괴롭힌다.

"내 목회가 정말 이 땅에 어떤 변화 혹은 차이를 만들어 내고 있는가?"

이 고민을 한창 하던 시기에, 스캇 솔즈가 인용한 톨킨(J. R. R. Tolkien)의 소설 《니글의 이파리》를 만나게 되었다.[13] 톨킨은 당시 《반지의 제왕》을 집필하고 있었다. 하지만 여느 작가가 그렇듯 자신의 이 작품이 세상에 소개될 수나 있을까 하는 염려에 사로잡혀 있었다. 게다가 작업은 더디기만 했다. 아마 어떤 날은 하루 종일 쓴 글이 한 문장도 채 안 됐을 것이다.

이때 느끼는 좌절감은 경험해 본 사람만이 안다. 아니, 당신도 자주 이것을 경험하며 살고 있을 것이다. 열심히 맡겨진 역할을 감당하지만 생각만큼 열매가 없다. 아니, 지금 내가 하고 있는 일의 의미를 잘 모르겠다. 그래서 혼란스럽다. 심지어 헛수고처럼 느껴진다. 톨킨 역시 그랬다. 물론, 우리에게 그가 겪은 이 고민의 과정은 혜택으로 돌아왔다. 그의 손을 통해 《니글의 이파리》라는 작품이 나올 수 있었으니 말이다.

화가의 이름은 '니글'이다. 그는 꼭 그리고 싶은 나무가 있었지만, 친절하고 배려심이 깊은 사람이었기에 이웃들의 부탁을 들어주느라 자기 작품 활동을 제대로 하지 못했다. 심지어 어느 날 허망하게 독감에 걸려 죽었다. 아마 주위 사람들은 말하지 않았을까? 사람만 좋았지, 결과적으로 보면 헛수고만 했다고!

자, '니글'이 하늘나라에 갔다. 거기에는 아름다운 나무 한 그루가 있었는데, 그 나무는 자신이 평생 꿈꾸며 그리려 했던 것이었다. 그는 나무의 아름다움을 감상하다가 무언가 이상한 것을 발견했다. 나무를 이루고 있는 무성한 나뭇잎 중에 자신이 그렸던 이파리 하나가 있는 게 아닌가? 니글은 감격하며 말한다.

"이건 선물이야!"

의미 없어 보였던, 실패작과 같았던 니글의 이파리 하나가 하나님이 보실 때는 가치 있는 것이었다. 하나님 나라의 나무를 이루는 소중한 자원이었다.

몇 년 전, 설교 시간에 《니글의 이파리》를 소개했다. 그날 설교 후 한 청년이 특송을 하기로 되어 있었는데, 그는 수년째 무명 CCM 작곡가로 활동 중이었다. 그가 그날 부른 곡은 자작곡이었는데, 그는 이 노래를 부르는 내내 우느라 제대로 노래하지 못했다. 대신 그도 울고, 온 성도도 같이 울었다. 가사를 소개해 본다.

〈하루 또 하루〉(좋은 일꾼 작사/작곡)

하루 또 하루 살아지는 날들
주님이 없이도 시간이 흐르고
자꾸 살아지네

다시 또다시 반복되는 날들
연약함을 알기에 주님께 가까이
더 가까이

주님 주신 하루가 참 귀하다
예수님처럼 살고 싶다
이 하루가 참 소중하다
예수님처럼 살고 싶다

그에게 길어지는 무명의 기간은 의미를 찾을 수 없는 시간이었다. 그냥 흐르는 시간과 같았다. 물론 그는 알고 있었다. 자신에게 주어진 하루를 충성하며 사는 것이 진정한 꿈을 이루는 삶이라는 것을 말이다. 그래서 고백했다.

"주님 주신 하루가 참 귀하다."

그러나 현실로 돌아와 보면 여전히 자신이 하는 일이나 역할의 의미를 모르겠고, 만족과 성취도 충분하지 않다고 느꼈을 것이다. 심지어 이파리 하나만 그리고 죽은 니글과 같이 헛수고하고 있는 인생처럼 느껴졌을 것이다. 그런데 그날 말씀을 통해 다시금 자신의 삶을 성경적으로 보기로 결단했기에 그는 눈물로 노래할 수밖에 없었을 것이다. 게다가 성도들도 비슷한 심정이었을 것이다. 남들이 보기에는 공기업에 다니고 있고, 선생님이고, 공무원이지만 삶의 의미를 찾지 못한 채 매달 나오는 월급 때문에 회사를 다니고 있었을지도 모른다. 그런데 귀에 "주님 주신 하루가 참 귀하다"라는 노래 가사가 들렸고, 그것이 그 마음을 울렸으리라.

나는 천국에 가면 예수님께 꼭 듣고 싶은 말이 있다.

"그 주인이 이르되 잘하였도다 착하고 충성된 종아 네가

적은 일에 충성하였으매 내가 많은 것을 네게 맡기리니
네 주인의 즐거움에 참여할지어다"(마 25:21).

나는 처음 이 구절을 읽고 충격에 빠졌었다.
"네가 적은 일에 충성하였으매."
인간이 아무리 자신이 감당하는 일의 크기가 더 크고 의미
있다고 거들먹거려도, 하나님이 보시기에는 '적은' 일이다. 그
런데도 하나님은 말씀하신다. "내가 많은 것을 네게 맡기리니
네 주인의 즐거움에 참여할지어다"라고 칭찬해 주신다. 더 많
은 것을 맡기고, 당신의 즐거움에 동참시켜 주신다.
참 다행이지 않은가? 하나님이 보시는 것은 우리가 이 땅에
서 얼마나 크고 위대한 일을 했느냐, 업적을 남겼느냐, 사람들
의 주목을 받았느냐가 아니다. 이렇게 평가하신다면 우리 대
다수에게는 소망이 없다. 그러나 그분은 '적은 일', 즉 '맡겨진
것에 충성하는 삶'(고전 4:2)을 보신다. 그러니 지금 당신 눈에 비
친 당신의 인생이 '이파리' 한 개만 그린 의미 없는 인생, 헛수
고한 인생처럼 보일지라도, 하나님이 보실 때는 가장 가치 있
는 인생임을 기억했으면 좋겠다.

기도

하나님, 꿈이란 지극히 개인적인 영역이 아니라 하나님의 영역임을 보게 해 주셔서 감사합니다. 저는 학교에서 혹은 인생 선배들을 통해 꿈이란 내가 되고 싶은 직업이라고 배웠습니다. 그래서 노력했습니다. 남들과의 경쟁에서 살아남아 소위 말하는 좋은 직업을 얻으려고 했습니다. 그러나 노력한 만큼의 열매는 없었습니다. 상황은 뜻대로 흘러가지 않았고, 어느 순간 저는 꿈에서 멀어져 있었습니다. 그래서 좌절된 꿈에 대해 후회하거나 아쉬워하며 살았습니다.

그러나 진리의 빛 가운데 서 보니, 꿈은 하나님께서 맡겨 주신 삶 그 자체임을 알게 되었습니다. 저조차 의미를 알 수 없고, 의미 부여 자체도 쉽지 않은 지극히 평범한 일상도 하나님의 손에 잡혀 사용되면 하나님 나라를 위한 중요한 의미요, 역할임을 알게 되었습니다.

하나님, 제가 이 진리를 잊지 않도록 도와주십시오. 제가 감당하고 있는 일 혹은 역할이 사람들이 선망하는 것인가, 규모가 큰가, 그 일을 통해 얻는 보람이 큰가에 초점을 맞추기보다 그 역할을 맡겨 주신 하나님을 사랑하고 신뢰하며 묵묵히 일상을 살아갈 수 있도록 도와주십시오.

때로는 예측할 수 없는, 혹은 원하지 않는 상황으로 이끌어 가서도 제 생각보다 크신 하나님의 생각을 신뢰함으로 맡겨 주신 역할에 충성하기를 원합니다. 맡겨 주신 삶을 감당한 후에는 한 종과 같이 "나는 무익한 종입니다. 내가 해야 할 일을 한 것뿐입니다"(눅 17:10)라고 고백할 수 있도록 붙잡아 주십시오.

하나님, 제게 한 가지 소망이 생겼습니다. 하나님을 만나는 그날, "잘하였도다 착하고 충성된 종아 네가 적은 일에 충성하였으매 내가 많은 것을 네게 맡기리니 네 주인의 즐거움에 참여할지어다"(마 25:21)라고 칭찬해 주시는 순간을 경험하는 것입니다.

하나님이 그리운 오늘입니다.

예수님의 이름으로 기도합니다. 아멘.

생각 나눔

1. 당신이 주어진 삶에서 맡고 있는 역할(직장, 가정 등에서의 역할)은 무엇
   인가? 당신은 그 자리가 만족스러운가?

2. 삶의 자리가 불만족스럽게 느껴진다면 그 이유는 무엇인가?

3. 지금 당신에게 주어진 삶은 하나님 나라에 어떤 기여를 하고 있는
   가? 하나님이 당신에게 왜 그런 삶의 자리를 허락하셨는지 생각해
   보라.

기도는 앞날에 대한

두려움을 결박한다

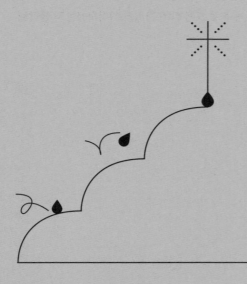

하나님은 당신을 의지하는 사람을 사용하신다

개척을 앞둔 나는 불안하고 초조했다. 예상하고 계획한 대로 상황이 흘러가지 않았기 때문이다. 김천 개척의 문이 쉽게 열리지 않아 고향에서 6개월간 무작정 기다려야 했다. 당시 나는 할 일이 없어 새벽 예배를 마치면 부모님을 모시고 아내와 함께 산에 올랐다. 산나물을 뜯거나 낚시를 하러 가기도 했다. 돌아보니 그 시기는 내게 있어 두 번 다시 오지 않을 소중한 시간이었다.

나는 대학 진학 후 부모님과 줄곧 떨어져 살았다. 그런데 개척이 늦어진 덕분에 부모님과 좋은 시간을 보낼 수 있었다. 또 아내와 신혼 기간에 많은 시간을 함께 보낼 수 있었다. 게다가 당시 나는 건강이 좋지 못했는데, 대상포진과 피로 누적, 운동 부족과 적절한 식사를 제때 하지 못한 결과를 온몸으로 느껴야 했다. 그런데 남는 게 시간이었다. 충분히 쉬고 운동하며 회복할 수 있는 시간이 주어진 것이다.

그러나 당시 나는 불안감에 압도되어 염려와 걱정으로 대부분의 시간을 소모했다. 자주 한숨을 내쉬었고, 활력을 잃었다. 네덜란드의 조직심리학자 헤이르트 호프스테더(Geert Hofstede)의 조사 연구에 따르면, 우리나라는 일본과 더불어 세계적으로 불확실성 회피 지수가 높은 군에 속한다고 한다. 불확실성 회피 지수가 높다는 것은 불확실성을 싫어한다, 혹은 두려워한다는 의미다. 이런 경향이 강한 문화에서는 어떻게든 불확실성을 없애려고 노력한다. 그 결과 대부분의 사람은 미래가 보다 더 확실해지게끔 하기 위해 지금 여기서 무엇인가를 열심히 한다. 그래서 저마다 바쁘고, 안절부절못하며, 감정적이고, 공격적이고, 활동적으로 행동한다.

나 역시 한국 사람이다. 불확실성이 싫다. 나는 내 미래를 통제하고 싶다. 그런데 그게 가능한가? 자녀의 마음조차 아이가 커 가면서 내 뜻대로 통제할 수 없는 것이 우리의 실존이 아닌가? 한 엄마는 사춘기 아들 방에 이렇게 기도한 후 들어간다고 한다.

"하나님, 아이에게 물어뜯기지 않게 지켜 주세요."

인생에 있어 우리가 통제할 수 있는 것은 거의 없다.

하루는 둘째 이음이가 무척 떼를 썼다. 나는 아이를 진정시키기 위해 배운 대로 공감에 심층적 공감까지 더했다.

"우리 이음이가 엄마 베개를 베고 자고 싶었구나. 엄마가 베개를 내놓지 않아 속상했구나."

그러고 나서 아내에게 부탁을 한다.

"여보, 이음이한테 베개를 양보하는 건 어때?"

아내는 이미 지쳐 있다. 그냥 자기 베개를 베고 자겠다고 한다. 아이는 더 크게 울었고, 내가 할 수 있는 것은 아무것도 없었다. 아이는 그렇게 울다 지쳐 잠이 들었다.

다시 말한다. 내가 통제할 수 있는 것은 그다지 많지 않다. 하나님은 내게 이것을 가르쳐 주기를 원하셨다. 그래서 내 마음을 다루셨다.

하루는 운전 중에 하나님께서 물으셨다.

"통령아, 둘 중 하나를 택해라. 네가 가지고 있는 개척 자금이냐, 나냐?"

순간 서러운 마음이 밀려들었다.

"하나님, 많은 사역자 중에 하필 저를 택해서 김천 개척을 시키신 것도 서러운데, 이제 개척 자금까지 달라고 하십니까?"

그래도 신앙적 정답은 알고 있던 터라 "그래도 하나님이죠"라고 대답했다. 그날 집에 돌아가 아내에게 말했다.

"여보, 곧 개척을 할 수 있을 것 같아. 내가 하나님의 테스트를 통과했거든."

그러나 하나님은 사람의 중심을 아시는 분이다.

"여호와께서 사무엘에게 이르시되 그의 용모와 키를 보지 말라 내가 이미 그를 버렸노라 내가 보는 것은 사람과 같지 아니하니 사람은 외모를 보거니와 나 여호와는 중심을 보느니라 하시더라"(삼상 16:7).

자신과 주변 사람은 속여도 하나님은 속일 수 없다. 하나님은 내가 내뱉은 고백과 달리 여전히 개척 자금을 의지하고 있는 내 마음을 아셨다. 그래서 며칠 후 다시 물으셨다.

"네가 가진 개척 자금이냐, 나냐?"

순간 이스라엘 백성이 범죄한 직후 하나님이 모세에게 하셨던 말씀이 떠올랐다.

"내가 이 백성 모두를 가나안 땅에 들여보내 주겠다. 하지만 나는 안 간다."

하나님이 함께하시지 않는 약속의 땅은 진정한 약속의 땅이 될 수 없다. 오히려 저주의 땅이 된다. 그래서 나는 하나님을 택하겠다고 했다. 순간 영화의 한 장면처럼 한쪽 눈에서 눈물이 주르륵 흘러내렸다. 서러움이 폭발해서 차를 갓길에 대 놓고 펑펑 울었다.

"하나님, 동기들도 많은데 왜 하필 저에게 개척하라고 하십니까? 그리고 순종하려고 좋은 조건 다 포기했잖아요? 그런데 이제 개척 자금까지 내놓으라는 것입니까? 너무하십니다."

이후 나는 3억 원 가까운 개척 자금을 지인에게 사기당해 다 날려 버렸다. 당시 나는 깊은 무력감을 느꼈다. 내가 할 수 있는 것이 다 사라졌다. 물론, 이제는 알고 있다. 이 상태를 하나님이 가장 좋아하신다는 것을. 믿음의 사람에게 필요한 것은 능력이 아니라 하나님을 의지하는 마음이라는 것을.

하나님은 할 수 있는 모든 것이 사라진 후에야 김천 개척의 문을 열어 주셨다. 하나님은 교회 개척을 시작하기에 앞서 내가 어떤 것도 통제할 수 없는 존재라는 것을 배우기를 원하셨다. 하나님만 의지하기를 원하셨다.

염려하지 말고 성경의 가르침으로 돌아가라

하나님은 느부갓네살도 이것을 배우기를 원하셨다. 그는 B. C. 6세기 당시 중동 지역의 패권을 장악했던 살아 있는 권력이었다. 즉위 4년 만에 중동 지역 대부분을 정복했고, 마음만 먹으면 원하는 것을 차지하고 이루는 데 성공한 인물이었다. 이러면 생기는 병이 있다. '마음만 먹으면 모든 것을 통제할 수 있다'고 믿는 '착각 병'. 그런 그가 하루는 꿈을 꿨는데, 이 꿈으로 인해 불면증에 시달리게 된다.

"느부갓네살이 꿈을 꾸고 그로 말미암아 마음이 번민하여 잠을 이루지 못한지라"(단 2:1).

중동 지역을 제패한 왕이 꿈 하나 꾼 것 가지고 불면증에 시달린다. 이것이 인간의 실존이 아닐까? 그는 꿈에 거대한 신상을 봤는데, 그가 늘 추구하던 모습이었다. 세상에 우뚝 솟은 난공불락의 거인! 그런데 문제는 '손대지 아니한 돌'이 날아와서는 그 거인상을 박살내 버린다. 여기서 신상은 이 땅의 나라들을 의미하고(34절), 손대지 아니한 돌은 이 땅에 세워질 하나님 나라를 의미했다(44절). 즉, 겸손하라는 하나님의 메시지였다. 마음만 먹으면 모든 것을 통제할 수 있다는 생각은 교만이라는 것이다. 하나님만이 모든 것을 통제할 수 있는 진정한 통치자시라는 메시지다. 물론 느부갓네살은 이런 의미를 정확하게 알지는 못했다. 다만 그가 평상시 억눌러 놓았던 불안과 두려움이 수면 위로 올라오는 기폭제가 되었다.

'내 제국이 무너진다는 의미일까?'

중국 자금성에 가면 없는 것이 하나 있다고 한다. 바로 나무다. 왜 나무가 한 그루도 없는 것일까? 몇 가지 해석이 있는데, 그중 하나는 자객이 나무 뒤에 숨어 황제의 목숨을 노릴까 봐 그렇다는 것이고, 다른 하나는 자금성이 한자의 입 구(口) 자처럼 생겼는데, 입 구 자 안에 나무 목(木) 자가 들어가면 괴로울 곤(困) 자가 되기 때문에 나무를 심지 않았다고 한다. 살아 있는 권력으로 자처했던 중국의 황제조차 자기 목숨 혹은 미래를 통제하지 못할까 봐 노심초사한 결과물이 아닐까?

우리 역시 본능적으로 내가 통제할 수 있는 상황이 거의 없다는 것을 인정하기를 거부한다. 그래서 여전히 통제하려고 하고, 통제할 수 있다고 믿는다. 그러다 통제할 수 없는 상황을 만나면 염려와 두려움으로 반응한다. 분노하고 소리 지른다.

'염려'에 대한 사전적 정의를 찾아보았다. '염려'는 "앞일에 대하여 여러 가지로 마음을 써서 걱정함. 또는 그런 걱정"(표준국어대사전)이라고 한다. 이는 곧 어떤 일에 지속적으로 마음을 졸이는 것, 어쩔 수 없는 것까지 지나치게 걱정하는 상태를 말한다.

생각해 보면 인생의 대부분이 우리가 어쩔 수 없는 것들이다. 우리의 통제를 벗어난 일들이다. 그러니 우리는 자주 염려에 빠진다. 이런 우리를 잘 아시는 예수님은 마태복음 6장 19-34절을 통해 염려의 문제를 다루셨다. 예수님은 이 짧은 문장에 '염려'라는 단어를 무려 여섯 번이나 사용하셨다. 또 염려하지 말라는 동사를 세 번이나 사용하셨다. 아니, 성경

전체로 보면 하나님은 염려하지 말라는 말씀을 무려 550번이나 하셨다.

예수님은 말씀하셨다.

> "너희 중에 누가 염려함으로 그 키를 한 자라도 더할 수 있겠느냐"(마 6:27).

내 아이는 키가 작다. 내가 186인데 비해 아이의 키는 작다. 물론 앞으로 성장하며 키가 클 가능성이 여전히 있지만 현재는 키가 작다. 만약 아이의 키가 염려함으로 자랄 수 있다면 나는 매 순간 염려를 선택하겠다. 그러나 그런다고 아이의 키가 자라는 것은 아니다. 그러면 염려가 생길 때마다 우리는 어떻게 반응해야 할까?

김천 개척 이후 교회는 하나님의 은혜로 성장해 갔다. 그래서 문제가 생겼다. 주변 교회들이 더세움교회를 이단이라고 말하기 시작했다. 전도 현장에서 그 말을 듣게 되었다. 성도들의 입을 통해서도 그 말을 들었다. 너무 속상했다. 게다가 한 청년이 택시를 탔는데, '더세움교회'에 가자고 했더니 택시 기사가 지역 교회 성도였다고 한다. 그는 더세움교회가 지역 교회 연합 활동에 코빼기도 보이지 않는다며 불만을 터뜨렸다. 청년은 이 이야기를 나에게 전했고, 그날 밤 나는 너무 속이 상해 이렇게 기도했다. 내가 할 수 있는 것은 기도 외에는 없었다.

"하나님, 전도하러만 나가도 이단이라고 하는데 어떻게 연합 활동을 합니까? 여기가 서울이라면 학교 선배들 찾아가서 오해 좀 풀어 달라고 했을 것입니다. 그런데 여기에는 학교 선배도 거의 없지 않습니까? 대체 어떻게 이 문제를 해결해야 합니까?"

맞다. 내가 서울에 있었다면 이런 상황에서 기도보다 사람을 찾아갔을 것이다. 때로는 기도밖에 할 수 없는 상황이 축복이다.

며칠 후, 지역의 한 교회가 교사 헌신 예배의 설교를 해 달라고 요청해 왔다. 추가적으로 교사 강습회를 해 달라고 했다. 하나님께서 지역 교회 연합 활동의 길을 열어 주신 것이다. 몇 주 후에는 총회로부터 청소년 공과 집필 위원으로 선정되었다는 전화를 받았다. 그해 공과를 집필하고 대구 경북 지역, 부산 지역의 교단 여름성경학교 교사 강습회 강사로 활동했다. 하나님께서 한국 교회 연합 활동의 길을 열어 주신 것이다.

이 일을 겪으며 든 생각은 이렇다. 내가 내 인맥, 내 힘으로 당시 상황을 통제하거나 해결하려고 했다면 이런 결과를 얻을 수 있었을까? 오히려 오해와 갈등만 더 커지지 않았을까? 아마 '바로'처럼 나도 인간적인 방법을 동원한 대가를 치르고 있었을지 모른다. 그는 이집트의 새로운 정권의 왕이었다. 그런 그가 자신의 나라를 시찰하던 중 이스라엘 노예를 보고 두려움에 사로잡혔다.

"그가 그 백성에게 이르되 이 백성 이스라엘 자손이 우리보다 많고 강하도다"(출 1:9).

두려움이 작동하는 방식이 보이는가? 두려움은 어떤 대상 혹은 상황에 대해 생각하는 것으로부터 시작된다. 계속 생각하다 보면 상황이나 문제, 상대가 거대하게 느껴진 나머지 두려움에 빠진다.

우리는 두려움을 느끼면 본능적으로 해결하고 싶어 한다. 바로는 어떻게 했는가? 두려움의 원인인 이스라엘 자손을 학대하는 악한 선택을 했다. 그에게는 그렇게 할 만한 힘이 있었다. 그러나 그것은 하나님이 기뻐하시는 방법이 아니다.

"무릇 의인들의 길은 여호와께서 인정하시나 악인들의 길은 망하리로다"(시 1:6).

하나님은 바로와 이스라엘 백성에게 어떻게 하셨는가?

"그러나 학대를 받을수록 더욱 번성하여 퍼져 나가니 애
굽 사람이 이스라엘 자손으로 말미암아 근심하여"(출 1:12).

두려움의 문제를 해결해 보려고 악한 선택을 한 결과는
두려움에 근심이 더해지는 것뿐이었다. 그러므로 우리는
염려 혹은 두려움이 생길 때마다 성경의 가르침으로 돌아가
야 한다.

"아무것도 염려하지 말고 다만 모든 일에 기도와 간구로,
너희 구할 것을 감사함으로 하나님께 아뢰라"(빌 4:6).

혹시 당신이 두려움을 느끼고 있다면, 그래서 뭐라도 해야
겠다고 생각한다면 거기서 멈추라. 그리고 조용히 엎드려 기
도하라. 우리에게 염려하지 말고 기도하라고 말씀하신 하나
님은 어떤 분이신가? 우리와 달리 모든 것을 통제하고 다스리
시는 분이다. 우리에게 가장 좋은 것 주기를 기뻐하는 아버지
이시다.

기도는 하나님의 일하심을 경험하게 한다

총신대학교 신학대학원에 합격하고 내게는 큰 근심이 있었다. 입학금을 포함한 등록금이 내가 감당할 수 없는 수준이었다. 당시 내가 할 수 있는 것은 기도밖에 없었다.

"하나님, 등록금을 채워 주세요."

물론 나는 얼마 못 가 감당해야 할 사역으로 분주했고, 등록금을 마련해야 한다는 상황 그리고 기도하는 것을 잊고 지냈다. 12월 24일 오전 10시에 신대원 관계자에게 전화를 받기 전까지 말이다. 담당자는 정오까지 등록금을 납부하지 않으면 합격이 취소된다고 말했다. 당시에는 내가 할 수 있는 일이 없었다. 당시 나는 청소년 성탄 2부 성극을 지도 중이었는데, 자리를 피해 본당 유아실에서 기도했다. 그런데 기도가 제대로 안 나왔다. 아이들의 깔깔거리는 웃음소리가 귀에 거슬렸다.

'나는 이렇게 절박한데, 너희는 태평하게 웃고 있니?'

지금 생각해 보면 얼마나 말도 안 되는 생각인가? 그 성극을 기획하고 지도한 것이 바로 나였다. 아이들은 이 모든 사역에 함께해 준 고마운 존재들이었다. 그런데 사람이 힘들고 어려우면 마음의 여유를 잃는다. 그러면 마땅히 가져야 할 관점과 태도를 상실하고 만다.

나는 그 자리를 피해 밖으로 나왔다. 교회 앞을 서성거리며 "하나님, 살려 주세요"라고 기도하는 것 외에는 할 수 있는 것이 없었다. 그런데 한 통의 전화가 왔다. 군 교회에서 만난 집사님의 전화였는데, 집사님이 잘 아는 기도원 원장님에게 전화가 와서는 얼마 전 기도원에 장학 헌금이 들어왔는데 누구 소개해 줄 사람이 없는지를 물었고, 집사님은 내가 생각났다고 했다. 나는 급히 금액을 물어봤다. 딱 내가 필요한 등록금만큼의 돈이었다. 나는 집사님께 상황을 설명했다. 그리고 무사히 등록할 수 있었다.

나는 가끔 이 일이 생각날 때마다 나를 향한 하나님의 세심한 사랑에 감탄하곤 한다. 하나님이 몇 달 전부터 한 기도원에 장학 헌금을 한 무명 성도의 마음을 감동케 하셨다. 그는 순종하며 물질을 드렸고, 기도원 원장님은 사용처를 고민하다 하필이면 내가 아는 집사님께 전화를 했다. 하나님이 인도하신 것이다. 게다가 그 집사님은 그가 아는 많은 청년들 중에 내게 전화를 하셨다.

하나님은 이 모든 상황을 미리 준비하셨다. 나를 위해서 말이다. 당신에게도 하나님은 동일하신 분이다. 그러므로 염려가 생겼을 때 그 상황을 거듭 생각하기를 그치고 기도하라. 그러면 우리의 시선이 '문제'에서 '하나님'으로 옮겨진다. 내가 가진 자원의 '한계'에서 '하나님의 능력'으로 옮겨진다. 내가 처한 '상황'에서 '하나님의 풍성하심'으로 옮겨진다.

개척 초창기, 가정 경제는 마이너스였다. 배고픈 청년들에게 밥을 사 주다 보면 항상 돈이 부족했다. 하루는 아내와 카페에 가서 책을 읽기로 했다. 책을 다 읽고 가정 경제를 점검하는 시간을 가졌는데, 당연히 마이너스였다. 예상은 했지만, 막상 현실을 직면하고 나니 가슴이 답답하고 염려의 마음이 커졌다.

잠시 후, 전에 사역하던 교회 성도에게 전화가 왔다. 남편이 얼마 전 암 수술을 받았는데 암 진단금 일부가 남아서 의미 있게 쓰고 싶어 기도하던 중 내 생각이 났다고 했다. 그 성도가 보낸 돈은 정확히 우리의 마이너스된 금액이었다.

나는 하나님의 사랑에 감탄했다. 단순히 돈이 생겼기 때문이 아니다. 이 상황을 겪기 불과 몇 분 전에 읽었던 책 내용 때문이었다. 책 제목이 기억나지 않아 당시에 적어 둔 메모의 내용을 그대로 공유해 본다.

우리가 아무리 좋은 것을 사도 그 기쁨이 두 달 가기가 어렵습니다. 그런데 하나님께 도움을 구하고 있다가 우리가 꼭 필요로 하던 것을 받게 되면 그 기쁨은 아주 오래갑니다. 그것을 볼 때마다 우리의 필요를 채우시는 하나님의 배려와 돌보심을 생각할 수 있지요. 우리의 필요를 하나님께 맡기는 삶이 주는 축복이 있습니다.

당시 하나님이 내 모든 상황을 아신다는 것이 감격스러웠다. 내 어려움을 세심하게 채워 주심이 감사했다. 그래서 확신 가운데 맡겨진 삶에 계속 충성할 수 있었다.

당신에게 묻고 싶다. 당신은 무엇으로 염려하고 있는가? 부모로서 갖는 일상적인 염려가 있을 것이다.

'아이가 건강하게 자랄 수 있을까? 내가 아이를 잘 키우고 있는 것일까?'

자녀가 없다고 해서 걱정이 없는 것은 아니다. 취업에 대한 염려, 실직에 대한 염려, 이직에 대한 염려, 인간관계에 대한 염려, 재정에 대한 염려, 건강에 대한 염려 등 우리는 염려가 일상인 삶을 살아간다. 당신의 이야기 같은가? 그렇다면 내가 염려에 빠질 때 자주 읽는 브루스 윌킨슨(Bruce Wilkinson)이 지은 《걱정과 불안에서 자유하게 하는 기도》(디모데 역간)의 한 대목을 소리 내어 읽어 보라.

모든 것을 아시는 하나님, 당신은 이미 제 미래에 다녀오셨습니다. 당신은 처음부터 끝을 알고 계셨습니다. 당신은 내일 어떤 일이 벌어질지 알고 계십니다. 당신은 내일 제가 웃는 모습을 벌써 보셨습니다. 당신은 내일 제가 흘릴 눈물을 이미 닦아주셨습니다. 당신은 제게 어떤 일이 닥칠지 이미 아십니다.

그런데도 저는 당신이 얼마나 선하신지 잊어버리고 불확실한 내일을 염려할 때가 너무도 많습니다. 그러고 싶지 않지만, 자꾸만 불안한 생각이 저를 엄습합니다. 당신의 사랑과 주권을 제대로 믿지 못하는 저를 용서해주십시오. 믿음이 없는 저는 미래를 걱정하며 안절부절 못합니다. 제가 당신을 온전히 믿었다면 제 미래를 붙들고 계신 당신 안에서 평안을 누렸을 텐데, 안타깝게도 저는 그러지 못했습니다. 모든 것을 미리 알려고 했던 저를 긍휼히 여겨주십시오. 제 힘으로 내일을 통제하려고 했던 교만함을 용서해주십시오. 오 하나님, 당신은 모든 일을 통치하십니다. 당신의 긍휼은 아침마다 새롭습니다.

제게 다가올 날들을 새들처럼 자유롭게 맞이할 수 있도록 도와주십시오. 새들은 수고하지도 지치지도 않습니다. 새들은 내일 어떻게 살지 무엇을 먹을지 알아내려고 애쓰지 않습니다. 새들은 내일도 당신이 필요한 것을 공급해주실 것을 확신하며 오늘을 쉽니다.

하나님, 제가 원하는 것이 아니라 제게 필요한 것을 매일 변함없이 공급해주실 줄 믿습니다. … 이 진리 안에서 마음 편히 쉬고 싶습니다. 그렇게 할 수 있도록 도와주십시오. 제가 통제할 수 없는 것은 잊어버리고 모든 것을 통제하실 수 있는 당신을 꼭 붙들도록 도와주십시오. 주님 사랑합니다. … 예수 그리스도의 이름으로 기도드립니다. 아멘.[14]

나는 자주 성도들에게 말한다.

"나는 내 미래를 알지 못하지만, 내 미래를 인도하시는 하나님을 알고 있습니다. 그러니 두려워하기보다, 내 미래를 하나님께 맡기는 기도의 자리로 가십시오. 기도의 자리에서 문제보다 하나님이 어떤 분인지 기억해 내는 작업을 먼저 하십시오."

당신에게도 동일하게 도전하고 싶다. 미래는 예측 불가능한 불확실성의 영역이다. 이것은 우리의 영역이 아니다. 우리는 현재를 살아갈 뿐이다. 그러니 아직 일어나지 않은 일로 걱정하고 있다면, 하나님께 즉시 기도하는 시간을 가져 보라. 하나님이 지금까지 당신에게 베푸셨던 선한 일들을 기억해 내 보라. 그리고 우리의 미래를 아시는 하나님께 당신의 시선을 고정하라. 오늘 당신의 삶에 승리가 있기를 기도한다.

기도

하나님, 불확실성을 끔찍이도 싫어하는 한국인이 저입니다. 제 미래가 보다 더 확실해지게끔 만들기 위해 뭐라도 하려고 합니다. 그래서 늘 바쁘고 분주하며 공격적으로 살아갑니다.

그런데 삶은 더 나아지지 않습니다. 오히려 불평과 불만을 쉽게 내뱉는 사람, 감사가 사라진 채 주변 사람들이 대하기 힘든 까다로운 사람으로 변해 있는 제 자신을 발견하게 될 뿐입니다. 게다가 자주 염려에 빠집니다. 머릿속으로 여러 가지 상황을 돌려보다가 두려움에 빠져 하나님을 향한 시선과 믿음이 마비되어 상황을 악화시키는 선택을 자주 했습니다.

이 시간, 모든 것을 통제해야 안심할 수 있다는 어리석은 생각을 십자가 앞에 내려놓습니다. 하나님, 인정합니다. 제가 통제할수 있는 것이 그다지 많지 않습니다. 제가 할 수 있는 유일한 일은 하나님을 의지하는 것입니다. 염려를 기도로 바꾸는 것뿐입니다. 그러니 제게 염려가 생길 때마다 하나님은 모든 것을 통제하고 다스리시는 분, 나에게 필요한 것이 무엇인지 이미 아시는 분, 내게 가장 좋은 것으로 채워 주기를 원하시는 분이라는 것을 기억할 수 있도록 성령님께서 도와주십시오. 저는 미래를 알지 못하지만 제 미래를 아시는 하나님의 자녀라는 것을 기억할 수 있도록 도와주십시오. 저에게 무엇이 필요한지를 저보다 더 잘 아는 분이 아버지임을 기억하며 먼저 하나님 나라와 의를 구하는 삶을 살 수 있도록 인도해 주십시오.

예수님의 이름으로 기도합니다. 아멘.

생각 나눔

1. 통제하려고 애를 쓰는데 생각보다 통제되지 않는 영역들이 있지 않은가(직장, 관계, 자녀 양육, 미래 계획 등)? 통제되지 않음을 경험하면서 느낀 감정은 어떠했는가?

2. 현재 염려하고 있는 것들을 기도 제목으로 바꿔 보라. 기도 제목을 작성할 때는 우리 하나님이 '좋으신 하나님'이라는 사실을 잊지 말라. 기도 제목을 적으면서 어떤 소망이 생기는가?

염려하는 것	기도 제목

떠내려가는 인생의 키를

주께 맡겨라

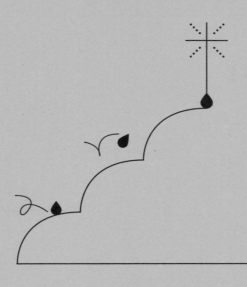

예상할 수 없는 어려움 앞에서

혹시 〈요게벳의 노래〉(염평안 작사/작곡)를 아는가? 모른다면 잠시
전능하신 네이버(?)에 검색하고 가사를 한번 읽어 보라.

한 엄마는 매일 출근길에 이 찬양을 듣는다고 한다. 자녀들
의 등굣길을 함께해 주지 못하는 미안함에 하나님이 아이들
을 지켜 주시기를 바라는 것이다. 그리고 어떻게 펼쳐질지 모
를 자신의 고된 하루를 하나님께 맡기며 이 찬양을 듣는다고
한다.

이 노래가 우리에게 여러 가지 감정을 느끼게 하는 이유는
모세의 갈대 상자 자체가 가진 이야기의 힘 때문일 것이다.
내 인생과 모세의 갈대 상자가 흡사하게 느껴지기 때문일 것
이다. 모세의 엄마인 요게벳은 갓 태어난 아들을 살리기 위
해 필사적이었다. 그래서 갈대 상자를 제작하고 그 위에 나무

진과 역청이라는 방수제를 칠했다. 자신이 할 수 있는 최선을 다한 그녀는 모세를 갈대 상자에 넣고 나일 강에 띄워 보냈다. 그녀는 아마 간절히 기도했을 것이다.

"하나님, 내 아들을 살려 주세요. 이집트의 마음씨 좋은 여자를 만나 양자로 삼게 해 주세요. 먼발치에서라도 가끔 볼 수 있게 해 주세요."

우리 인생의 모습을 압축해서 보여 주는 그림이 아닌가? 우리는 인생이라는 나일 강에서 생존하기 위해 초등학교 6년이라는 갈대 상자를 준비한다. 이 과정에서 부모들은 자녀를 위해 소위 학군이 좋은 지역으로 이사하기 위해 필사적이다. 게다가 명문 중·고등학교라는 나무 진과 명문대학교라는 역청을 칠해 주기 위해 사교육 시장에 뛰어든다. 사업하는 사람은 어떤가? 사업 아이템이라는 갈대 상자, 사업 자금이라는 역청, 능력 있는 직원이라는 나무 진을 확보하려고 애쓴다.

나 역시 그랬다. 목회를 위해 스무 살 때부터 다양한 사역 경험이라는 갈대 상자를 준비했다. 좋은 설교자가 되기 위해 성경을 포함한 다양한 책을 읽으며 나무 진도 칠했다. 사역의 열매를 가는 곳마다 맛본 성공 경험의 역청도 칠했다. 그런데 막상 개척이라는 나일 강에 준비한 갈대 상자를 띄워 보니 내 뜻대로 되거나 통제할 수 있는 상황이 하나도 없었다. 오히려 개척 자금을 사기당했다. 거점으로 마련한 집은 가요방과 보도방으로 둘러싸여 있었다.

당신은 어떤가? 마음 다해 준비한 갈대 상자가 어디로 향하고 있는가? 당신이 원하는 대로 흘러가고 있는가?

김천에 도착한 첫날, 나는 나보다 여덟 살 어린 아내 품에 안겨서 울었다.

"하나님, 제가 할 수 있는 것이 아무것도 없습니다. 하나님, 대체 왜 이렇게 인도하시는 것입니까?"

성경은 이와 같은 우리의 존재론적 모습을 모세의 누나인 미리암을 통해 극적으로 보여 준다.

"그의 누이가 어떻게 되는지를 알려고 멀리 섰더니"(출 2:4).

미리암이 할 수 있는 최선은 멀리 떨어진 채 동생의 갈대 상자가 어디로 흘러가는지를 지켜보는 것이었다. 당신과 나의 모습이 아닌가? 최선을 다해 준비한 갈대 상자를 인생이라는 나일 강에 띄운 후 우리가 할 수 있는 것이라고는 잘되기를 바라며 기도하는 것이 전부다. 우리는 결과를 통제하거나 예측할 수 없다.

나는 가끔 당시 미리암의 심경을 상상해 본다. 그녀는 떠내려가는 동생의 갈대 상자를 보며 무슨 생각을 했을까? 무력감을 느꼈을까? 어려움 가운데 침묵하시는 하나님을 원망했을까? 하나님이 개입하실 것이라고 믿으며 소망 가운데 기도하고 있었을까? 물론 그녀가, 아니 당신과 내가 어떤 마음으로 흘러가는 갈대 상자를 보았건, 이제 주사위는 던져졌다.

그런데 하필 갈대 상자가 바로의 공주를 향해 흘러가고 있다. 바로의 공주가 누구인가? 남자 아기가 태어나면 죽이라고 지령을 내린 자의 딸이다. 당신이 이 현장에 미리암과 함께 있었다면 어떤 반응을 보였을까? 하나님을 원망하지 않았을까? 그동안 쌓인 불만을 한데 묶어 불평을 터뜨리지 않았을까? 이제 다 끝났다고 속단하며 절망하지 않았을까? 하나님의 사랑을 의심하지 않았을까? 당신이 어떤 답을 연상했든지 그것이 예측하지 못한 어려움을 만났을 때가 당신의 평상시 신앙의 태도요, 인생의 태도일 가능성이 크다.

불가능을 가능으로 바꾸시는 하나님

자, 이제 하나님이 절망이 예견되는 이 상황을 어떻게 하셨는지 볼 차례다.

> "열고 그 아기를 보니 아기가 우는지라 그가 그를 불쌍히 여겨"(출 2:6).

바로의 공주가 갈대 상자를 열어 모세를 보는 순간 하나님께서 그녀의 마음을 움직이셨다. 모세를 불쌍히 여기는 마음을 주셨다. 그래서 모세를 데려다가 양자로 삼았다.

사실 이것은 불가능한 일이었다. 그런데 하나님은 불가능을 가능으로 바꾸셨다. 꿈에도 상상할 수 없었던 일을 창조해 내셨다. 게다가 미리암을 사용해서 모세의 엄마인 요게벳이 모세의 유모로 지명되게 하셨다. 그 결과 모세는 일정 기간 성장할 때까지 요게벳의 품에서 말씀을 배우며 자랄 수 있었다. 이후에는 왕궁에서 당시 최고의 학문과 교양을 쌓을 수 있었다.

하나님은 다 계획이 있으셨다. 요게벳을 향한, 모세를 향한, 아니 이집트에서 종살이 중인 당신의 백성을 향한 계획을 가지고 계셨다. 그리고 그분은 당신의 계획을 이루기 위해 불가능을 가능으로 바꾸셨다. 누구도 상상조차 할 수 없는 일을 만들어 내셨다.

기억하라. 모세의 하나님이 우리의 하나님이시다.

김천에 교회를 개척하기 직전, '낯선 김천에 가면 먹고살 수나 있을까?'라는 생각이 내 마음을 흔들었다. 개척 자금을 사기당해 한 푼도 없는 상황이었다. 잘 준비된 갈대 상자를 개척이라는 나일 강에 띄워도 모자랄 판국에 갈대 상자 여기저기에 흠이 나 있었다. 차라리 내게 익숙한 제천에서 아버지의 교회를 물려받는 게 낫지 않을까 하는 인간적인 생각을 하기도 했다(이런 생각을 한 자체가 부끄럽다).

하나님은 이런 나를 방치하지 않으셨다. 며칠 후, 일산에서 사역할 때 동역했던 부부가 갑작스럽게 찾아왔는데, 부부는 하나님께서 자신들에게 내 사역을 도우라는 마음을 주셨고, 이 마음을 실천하기 위해 나를 찾아왔다고 했다. 그러면서 한 달에 10만 원씩 후원하겠다고 했다. 당시에 내가 어떤 생각을 했는지 아는가?

'하나님, 10만 원 가지고 어떻게 생활합니까?'

믿음의 시선을 상실한 사람은 감사할 능력도, 하나님의 가능성을 기대할 능력도 없다. 부부와 서로의 안부를 묻고 식사하던 중 한 통의 전화가 왔다. 그녀는 자신을 시각장애인이라고 소개한 뒤, 내가 개척을 하게 되면 물질로 돕고 싶다는 기도를 했다고 하면서 한 달에 20만 원씩을 후원하겠다고 했다. 순간, 내 완고하고 믿음 없는 마음이 무너져 내렸다. 마치 하나님께서 이렇게 말씀하시는 것 같았다.

"야! 정통령! 나는 원하면 앞을 보지 못하는 시각장애인을 통해서라도 네게 필요한 것을 공급할 수 있는 하나님이야!"

나는 식사하다 말고 평평 울었다. 부부에게 믿음 없는 생각을 했음을 나누고 사과했다. 그리고 용기를 내어 개척했다.

여담이지만, 시각장애인인 자매는 내게 몇 개월만 후원했다. 나중에 이 자매에게 만나자고 연락했더니 미안해서 만날 수 없다고 했다. 나는 꼭 한번 만나자고 사정했고, 결국 만남이 이루어졌다. 자매는 자리에 앉자마자 갑자기 형편이 어려워져서 후원할 수 없었다고 말했다. 그때 내가 그녀에게 한 말이다.

"자매, 저에게 미안해할 필요 없습니다. 자매의 전화 덕분에 제가 하나님을 향한 믿음을 회복할 수 있었고, 개척을 감행할 수 있었습니다. 정말 고맙습니다."

당신을 믿음으로 격려하기 위해 하나님께서 감동하고 붙이시는 사람들이 있을 것이다. 그들을 소중히 여기는 마음, 감사로 대하는 마음이 늘 있기를 소망한다.

기다림은 하나님이 일하시는 시간이다

지금 나는 당시의 사건을 전지적 작가 시점으로 보고 있다. 그래서 당시를 회상할 때 불안감을 느끼거나 두려움에 휩싸이지 않는다. 오히려 하나님이 일하신 흔적이 보인다. 생각해 보면 당신과 내가 앞으로 겪을 모든 일이 이와 같다. 하나님은 이미 모든 상황을 알고 준비하셨다. 가장 선한 길로 당신과 나를 인도하실 것이다. 문제는 우리가 믿음으로 이렇게 하

실 하나님을 바라보지 못한다는 점이다. 힘들고 어려운 문제
와 상황에 시선을 둔다는 점이다.

이스라엘 백성이 그랬다. 앞에는 홍해가, 뒤에서는 이집트
의 강력한 군대가 그들을 추격하고 있었다. 그들은 패닉 상태
에 빠져 원망하기 시작했다. 하나님을 원망했고, 지도자인 모
세를 원망했다. 은혜로 주어진 상황을 불평과 불만거리로 삼
았다.

"그들이 또 모세에게 이르되 애굽에 매장지가 없어서 당
신이 우리를 이끌어 내어 이 광야에서 죽게 하느냐 어찌
하여 당신이 우리를 애굽에서 이끌어 내어 우리에게 이같
이 하느냐"(출 14:11).

불평불만은 상황을 바꿀 힘이 없다. 오히려 상황을 악화시
킨다. 파괴적인 행동을 유발한다. 불평불만에 관한 몇 가지 사
례를 〈온누리신문〉 정현주 기자의 칼럼을 통해 소개해 본다.

태초 이래 사건 사고의 가장 큰 원인이 불평불만이라 해도 과언이
아니다. 지난 2016년부터 지난해까지 세상을 깜짝 놀라게 한 사건
들을 분석했더니 그 이면에 불평불만이 숨어있었다. 음주운전 단속
에 불만을 품은 60대 남성이 파출소를 찾아가 경찰들에게 엽총을

쏜 사건(2016년), 지도교수에게 불만을 품은 대학원생이 사제폭탄을 제조한 사건(2017년), 한 지방의회 의원이 자신의 의견이 관철되지 않자 회의장에서 유리창을 깨고 자해하며 겁박한 사건(2018년), 수도사용 문제로 주민과 마찰을 빚은 70대 노인이 면사무소 직원에게 엽총을 발사한 사건(2018년) 등이 그 대표적인 사례다.

불평불만에서 기인한 사건 사고가 우리나라만의 문제는 아니다. 2017년 인사평가에 불만을 품은 일본 오사카 시청 직원이 상사 머리에 술을 들이붓기도 했고, 지난 4일 프랑스 제5공화국 헌법 60주년 기념식에서 한 노인이 연금이 적다고 마크롱 대통령에게 불평하자 마크롱이 "국민이 불평불만을 그만하면 프랑스가 지금보다 훨씬 나았을 것"이라고 탄식하기도 했다. 이처럼 불평불만에서 기인한 사건 사고는 동서고금을 막론하고 발생하고 있다. 약하게는 언어적 불평불만에서 끔찍한 사건으로까지 이어지는 경우가 비일비재하다.[15]

아마 자신들이 처한 상황에 대해 처음 불평불만을 내뱉은 사람은 이렇게 생각했을 것이다.

'나는 이 상황을 냉철하게 분석하고 있다.'

당신은 어떤가? 불평불만을 자주 내뱉는가? 당신이 불평불만을 내뱉는 이유는 상황 혹은 상대의 문제라고 생각하는가? 당신은 분석적인 사람이고, 상황을 개선하기 위해서 그렇게 한다고 생각하는가? 그러나 불평불만은 하나님을 바라보지 못하게 한다. 하나님이 주신 좋은 것들을 폄하하고 감사하지 못하게 한다. 불평불만을 내뱉는 백성을 향한 모세의 처방은 무엇이었는가?

"모세가 백성에게 이르되 너희는 두려워하지 말고 가만히 서서 여호와께서 오늘 너희를 위하여 행하시는 구원을 보라"(출 14:13).

모세는 하나님이 하실 일을 바라봤다. 자신들을 위해 준비하신 하나님의 계획이 선할 것이라고 확신했다. 그래서 선포했다.

"너희는 두려워하지 말고 가만히 서서."

사람이 못하는 것 중 하나가 가만히 있는 것이다. 불안하면 뭐라도 하려고 한다. 그러다 최악의 수를 둔다. 믿음의 사람들은 '기다리는 법'을 배운 사람들이다. 허드슨 테일러(James Hudson Taylor)가 그랬다. 그가 가장 약해져 있던 시기, 그래서 왕성하게 사역할 수 없었던 시기에 하나님은 그를 통해 중국 내지선교회를 세우셨다.

요셉은 애굽의 총리가 되기까지 보디발의 집과 감옥에서 기다림을 배워야했다. 모세는 어떤가? 그는 이스라엘의 지도

자가 되기 위해 광야 40년, 기다림을 훈련 받아야 했다.

혹시 하나님이 당신에게 가만히 기다려야 하는 시간을 주셨다면, 그 시간을 잘 감당했으면 좋겠다. 그리고 기대하라. 하나님의 일들이 결국 이루어질 것이다.

모세는 백성을 진정시킨 뒤에 선포했다. 그는 홍해와 이집트의 군대가 아니라 하나님을 바라보도록 도전했다.

"여호와께서 오늘 너희를 위하여 행하시는 구원을 보라."

믿음은 시선 처리 싸움이다. 불확실한 상황에 시선을 둘 것인가, 아니면 모든 상황을 인도하시는 하나님께 시선을 둘 것인가? 결과에 대해서는 단 1도 관여할 수 없는 자신의 무능력에 시선을 둘 것인가, 아니면 모든 것을 주관하시는 능력의 하나님께 시선을 둘 것인가? 시편 기자인 다윗은 하나님께 시선을 두었다.

> "여호와의 소리가 물 위에 있도다 영광의 하나님이 우렛소리를 내시니 여호와는 많은 물 위에 계시도다 여호와의 소리가 힘 있음이여 여호와의 소리가 위엄차도다"
>
> (시 29:3-4).

그는 지중해의 많은 물 위에 형성된 무시무시한 폭풍을 보며 하나님의 전능하심을 보았다. 그러자 찬양이 터져 나왔다.

나는 큰 폭풍을 경험해 본 적이 없다. 그래서 몇몇 자료를 찾다가 2018년 스코틀랜드를 강타한 폭풍 '칼럼'의 영향으로 위에서 아래로 떨어져야 할 폭포 물줄기가 강풍을 이기지 못하고 하늘로 역행하는 동영상을 보게 되었다. 폭풍은 기존의 질서조차 역행해 버리는 힘이 있다. 즉, 하나님은 기존 질서에 구애받지 않으신다. 그분이 질서이시다. 그분이 가시는 곳이 길이 된다. 그분이 원하시면 살해 대상이었던 아기가 이집트의 왕자가 된다. 그리고 그 엄마는 유모가 된다. 홍해는 갈라지고 이집트의 군대는 수장된다.

하나님은 이 모든 일을 계획하고 실행하셨다. 우리가 할 일은 하나님께 시선을 고정한 채 순종하며 살아가는 것이다.

방향키가 없는 인생, 하나님께 맡기라

이것을 보여 주는 그림이 '갈대 상자'다. '갈대 상자'는 히브리어로 '테바'(תֵּבָה)라고 하는데, 이 단어가 성경 한 곳에서 더 사용되었다. 바로 노아의 방주를 지칭하면서이다. '테바'는 방향키가 없는 배를 지칭한다. 즉 정해진 길, 우리가 예측하거나 통제할 수 있는 길이 아니라, 오직 하나님이 인도해 주시는 대로만 움직이고 따라가는 배를 의미한다.

우리 인생은 '테바'다. 그러니 예상한 경로를 이탈했다고 걱정하지 마라. 하나님은 망했다고, 무너졌다고 생각하는 곳에서도 승리의 길을 내신다. 사방으로 욱여쌈을 당해 소망을 잃어 가는 자리에서도 준비한 당신의 역습을 펼치신다. 하나님은 뻔한 분이 아니다. 알면 알수록 깜짝깜짝 놀랄 수밖에 없는 분이다. 이런 하나님을 매 순간 경험한 다윗은 이렇게 선포했다.

"여호와께서 자기 백성에게 힘을 주심이여 여호와께서
자기 백성에게 평강의 복을 주시리로다"(시 29:11).

'아, 하나님은 인생의 위기마다 놀라운 능력을 당신의 백성에게 주시는 분이구나!'

다윗은 이것을 깨닫게 되자 현재 겪는 어려움을 바라보는 태도가 달라졌다. 우리도 마찬가지다. 우리도 하나님이 얼마나 크고 놀라우신 분인지를 제대로 깨닫게 되면 삶이 달라질 것이다. 하나님이 우리가 겪고 있는 문제보다 크신 분이라는 것을 깨닫는다면, 더는 문제 앞에 절망하지 않을 것이다. 꼭 기억하라. 하나님보다 크고 강한 존재는 없다.

"거룩하신 이가 이르시되 그런즉 너희가 나를 누구에게 비교하여 나를 그와 동등하게 하겠느냐 하시니라"(사 40:25).

헬렌 로즈비어(Helen Roseveare) 박사는 이것을 경험했다. 그녀는 콩고에서 의료 선교를 감당했는데, 한 아이가 미숙아로 태어났고, 엄마는 산고 중에 죽게 되는 상황을 겪게 되었다. 그곳에는 전기도, 인큐베이터도 없었기에 아이를 따뜻하게 할 수 있는 유일한 방법은 보온병뿐이었다. 하지만 산파가 그 유일한 보온병을 실수로 깨뜨리고 말았다. 그녀는 암담하고 답답한 마음으로 의료 시설 옆 고아원에 살고 있는 '룻'이라는 열 살 아이에게 푸념하듯 상황을 말했다. 그러자 아이가 한 가지 제안을 했다.

"우리 이 문제를 하나님께 말씀드려요."

아이는 즉시 기도했다.

"하나님, 보온병을 보내 주세요. 내일이면 늦어요. 아이가 죽을 거예요. 오늘 오후에 보내 주세요."

박사는 속으로, '이 기도가 응답받으려면 오늘 오후까지 소포가 도착해야 하는데, 난 지난 4년 동안 단 한 번도 우편물을 받아 본 적이 없어. 게다가 어느 누가 적도에 있는 사람에게 보온병을 보내겠어?'라고 생각했다고 한다. 그런데 그날 오후, 트럭 한 대가 의료클리닉으로 들어오더니 배달원이 박사에게 상자 하나를 건넸다. 모든 아이가 박사 곁으로 왔고, 그녀가 상자를 열어 보니 그 안에는 마른 과일과 셔츠, 책들이 들어 있었다. 그리고 상자 바닥에는 보온병과 인형이 있었다. 그 상자는 5개월 전 미국 동부에 있는 한 주일학교에서 포장해서 보낸 것이었다고 한다.

혹시 당신은 하나님을 다 알고 있다고 생각하며 살고 있는가? 당신이 알고 있는 하나님은 어떤 분이신가? 우리의 한계 속에 갇혀 계신 하나님? 우리의 상황 속에 묶여 계신 하나님? 문제 앞에 옴짝달싹 못 하시는 하나님? 아니다. 하나님은 적도 한가운데로 보온병을 보내실 수 있는 분이다. 5개월 후에 태어날 아기의 생명을 살리기 위해 보온병이 필요할 것을 알고 어린이들을 통해서 그것을 준비하게 해 콩고로 배송 보내게 하시는 분이다.

물론 이 놀라운 기적이 일어나기 위해서는 하나님이 보온병을 보내도록 감동하셨을 때 주저함 없이 행동할 사람이 필요했다. '적도에 무슨 보온병이 필요하겠어?'라고 생각하고 주신 마음을 무시했다면 어떻게 되었을까? 혹시 하나님께서 당신에게 어떠한 감동을 주신다면 즉시 순종해 보라. 하나님은 우리의 작은 순종을 통해 당신의 일을 이루신다.

하나님이 당신의 것으로 당신의 사람을 채우고 도우시면 우리 삶에는 평강이 임한다. 다윗은 이것을 "여호와께서 자기 백성에게 평강의 복을 주시리로다"(시 29:11)라고 고백했다. 신학자 엘런 로스(Ellen P. Ross)는 다윗의 고백을 좀 더 생동감 있게 표현했는데, 그는 이 구절을 이렇게 설명했다.

삶의 광포함 중 그분이 진정시키지 못할 것은 없다.[16]

이 대목을 묵상하는데 갑작스럽게 폭풍우를 만난 제자들이 연상되었다(요 6:18). 그들이 할 수 있는 일이라고는 배가 난파되지 않도록 계속 노를 젓는 것뿐이었다. 우리의 실존적 모습이 아닌가? 삶이 아무리 버겁고 무거워도 어쩌겠는가? 책임질 사람들이 있으니 그래도 감당해야지.

이 지점을 쓰고 있는데 한 성도에게 연락이 왔다. 갑작스럽게 호흡이 곤란하고 가슴이 답답해서 병원에 갔는데 '공황장애' 진단을 받았다고 했다. 이처럼 인생은 무겁고 힘겹다.

첫째 아이가 태어날 즈음 목회에 어려움을 겪었다. 그날은 유독 힘겨운 시간을 보냈고, 절망감에 압도된 채 지친 몸을 이끌고 집에 도착했다. 불이 꺼진 방으로 들어가 곤히 자는 아이를 보는데, '이 아이를 생각해서라도 견뎌야지! 감당해야지!'라는 생각이 들어서 아이 손을 꼭 잡고 눈물로 기도했다.

"하나님, 제가 이 일을 감당할 힘을 주세요."

아마 제자들이 느낀 절망감은 더 컸을 것이다. 거대한 폭풍우 앞에 자신들이 탄 배는 너무 초라했다. 폭풍은 너무 오래

지속됐고, 그들은 이미 지친 상태였다. 그때 예수께서 물 위를 걸어 그들에게 오셨다. 그분이 배에 올라타시는 순간, 언제 그랬냐는 듯이 사나운 폭풍이 잠잠해졌다.

"배에 함께 오르매 바람이 그치는지라"(마 14:32).

엘런 로스의 표현이 옳다. "삶의 광포함 중 그분이 진정시키지 못할 것은 없다."

이 놀라운 광경을 경험한 직후 제자들이 보일 수 있는 반응은 예수님의 발 앞에 무릎을 꿇고 경배하는 것밖에 없었다.

"배에 있는 사람들이 예수께 절하며 이르되 진실로 하나님의 아들이로소이다 하더라"(마 14:33).

당신의 삶에도 이와 같은 일이 일어나기를 바란다. 하나님의 능력을 발견함으로 경탄과 경배의 감각이 살아나기를, 하나님의 능력을 경험함으로 삶의 광포함이 잠잠해지기를, 당신이 통제하고 계획한 대로가 아니라 하나님이 인도하시는 대로 또 다른 '테바'가 되어 살아가기를 소원한다.

기도

하나님, 제게 주어진 인생의 무게가 버거울 때가 많습니다. 최선을 다해 준비한 갈대 상자는 제가 원하는 방향으로 흘러가지 않습니다. 자주 최악의 상황을 상상하고, 아직 일어나지도 않은 일로 인해 스트레스를 받고 두려움에 빠지기도 합니다. 머릿속은 쉴 새 없이 수많은 경우의 수를 생각하느라 늘 복잡합니다. 지친 마음은 한껏 예민해져 있어 작은 사건에도 크게 낙담하고, 주변 사람들을 향해 불평불만을 내쏟기도 합니다. 마치 홍해 앞에 선 이스라엘 백성처럼, 바로의 공주 쪽으로 흘러가는 동생의 갈대 상자를 지켜보던 미리암처럼 상황과 환경을 보다가 형편없는 사람이 되었습니다.

하나님, 제가 제 인생의 주인이 될 수 없음을 인정합니다. 제가 제 인생을 통제할 수 없음도 인정합니다. 반면, 하나님은 모든 것을 통제하고 완벽하게 인도하심을 고백합니다. 저를 향한 선한 계획을 가지고 계심도 인정합니다.

이 시간 제 영혼을 향해 믿음으로 선포합니다.

"두려워하지 말고 가만히 서서 여호와께서 오늘 너희를 위하여 행하시는 구원을 보라"(출 14:13).

"여호와께서 너희를 위하여 싸우시리니 너희는 가만히 있을지니라"(출 14:14).

제 시선을 문제와 상황에서 하나님으로 옮기기를 원합니다. 그리고 시편 기자인 다윗처럼 선포하기를 원합니다.

"여호와의 소리가 물 위에 있도다 영광의 하나님이 우렛소리를 내시니 여호와는 많은 물 위에 계시도다 여호와의 소리가 힘 있음이여 여호와의 소리가 위엄차도다"(시 29:3-4).

"여호와께서 자기 백성에게 힘을 주심이여 여호와께서 자기 백성에게 평강의 복을 주시리로다"(시 29:11).

하나님, 저를 인도해 주십시오. 저는 갈대 상자와 같이 그저 순종하고 따라가겠습니다. 인생의 방향을 알지 못해 두려울 때면 엎드려 기도하겠습니다. 하나님이 제게 하신 일들을 기억해 내겠습니다. 하나님은 선하십니다.

예수님의 이름으로 기도합니다. 아멘.

생각 나눔

1. 당신은 예상하지 못한 상황을 마주했을 때 어떤 식으로 반응하는가? 그 상황 속에서 하나님의 인도하심이 기대가 되는가?

2. 당신의 과거를 잠시 생각해 보라. 이해하기 어려운 상황이었음에도 하나님이 인도하셨던 일들은 없었는가?

3. '테바'의 인생을 살아가며 갈대 상자를 준비한 당신을 통해 일하시는 하나님을 기대해 보라. 그리고 이 책을 함께 읽는 이들과 하나님의 일하심을 기대하며 서로를 격려해 보자.

맡은 것에 몰입할 때

충성된 자로 불린다

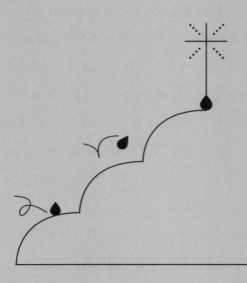

질투하는 마음 밑바닥에는 '나'가 있다

개척 직전, 한 콘퍼런스에 참석했다. 탁월한 강의와 스태프들의 마음 다한 섬김에도 불구하고 마음이 불편했다. 정체를 알 수 없는 불편감은 예정에 없던 일정으로 정체를 드러냈다. 콘퍼런스를 주최한 교회에서 예배당을 건축 중이었는데, 현장 견학을 하자고 했다. 나는 대충 현장을 둘러보고는 담당자를 찾아가 따졌다. 나름의 논리를 내세우면서 말이다. 왜 계획에 없던 일정을 무리하게 강행하는지, 비염이나 호흡기 관련 질환이 있는 사람도 있을 텐데 왜 이 먼지 날리는 현장에 데려온 것인지를 따져 물었다. 담당자는 내 억지스러운 질문에 친절하게 답변한 뒤 이렇게 말했다.

"그런데 혹시 정통령 목사님 아니신가요? 저희가 작년에 수련회 강사로 모시려고 했었는데 이렇게 뵙네요."

얼마나 부끄럽던지. 나는 익명성에 기대어 내 불편한 감정을 터뜨리는 중이었다(명찰을 가방에 넣은 후 그를 찾아갔다). 그런데 그는 나를 알고 있었다. 쥐구멍에라도 숨고 싶은 마음과 함께 내가 왜 이렇게 불편한 마음으로 비판적인 말을 내뱉고 있는지 순간 직면하게 되었다. '나도 이 정도 규모에서 사역했었어'라는 교만한 마음과 '나는 건물은 고사하고 성도 한 명 없는 개척을 앞둔 목사인데'라는 비교하는 마음이 작동한 것이다. 아니, 모든 행사, 모든 상황, 모든 사람이 '나'를 주목하지 않아서, '나' 중심으로 돌아가지 않아서 화가 났던 것이다.

나는 그에게 내 비뚤어진 마음을 정직하게 나누고 사과했다. 이후 13년 동안 나는 그 공동체에 총 다섯 번에 걸쳐 집회 인도 혹은 설교를 하러 갔고, 당시 대화를 나누었던 사역자와는 선교의 동역자가 되어 있다. 돌이켜 생각해 보면, 나는 당시 하나님이 예비하신 소중한 관계를 자존심에 먹이를 주려다 망칠 뻔한 것이다.

당신은 부끄러운 내 사례를 통해 질투가 어떻게 작동하는지 어렴풋하게 보았을 것이다. 표면적으로 질투는 비교하는 마음에서 시작된다. 그러나 더 깊은 곳에 감춰진 이유는, 세상이 매 순간 '나' 중심으로 움직이기를 원하는 마음이 작동한 것이다.

우리는 온종일 '나'에 관해 생각한다. 내 기분, 내 기대, 내

평판, 내 욕구, 내 컨디션, 내 일정. 이것 중 어느 하나라도 뜻대로 되지 않을 때 우리는 전혀 다른 사람이 된다. 상대를 가혹하게 몰아붙이거나, 상대에게 함부로 말한다. 급작스러운 절망에 빠지거나 원망과 불평을 내뱉고, 심지어 분노를 터뜨리기도 한다. 이처럼 우리는 그 누구보다 '나'가 중요한 사람들이다.

사울도 그랬다. 그는 자기가 중요한 사람이었다. 그런 그에게 어느 날 다윗이 혜성처럼 나타났다. 물론 다윗은 사울 왕국에 대한 어떤 사심도 없었다. 그는 충성스러운 부하였고, 누구보다 용맹하게 나라와 왕을 위해 싸우는 전사였다. 사울도 한동안 그런 다윗이 좋았다. 자신의 이익에 부합하는 행동을 했기 때문이다. 그러나 다윗과 자신의 업적을 비교하는 노래를 들은 후부터(삼상 18:7-8) 모든 것이 달라졌다. 그는 이 순간을 시작으로 '질투'에 눈이 멀어 다윗을 죽이는 일에 자기 삶을 낭비했다.

말이 가진 힘을 무시하지 말라

비교하는 말은 파괴적이다. 가끔 나는 부모들이 자녀를 비교하는 말을 듣는다. 내가 부모님으로부터 들은 비교하는 말은 이것이다.

"둘째는 똑똑하고, 첫째는 착해요."

내게 이 말은 "통령이는 멍청해요"라고 들렸다. 이후 나는 부모님이 집에 안 계실 때마다 동생을 괴롭혔다. 그래서 나는 사울의 마음이 이해된다. 비교의 말이 우리를 얼마나 크게 흔들어 놓을 수 있는지를 알기 때문이다.

비교하는 말, 아니 말은 그 자체로 무시무시한 위력을 가지고 있다. 이것을 잘 알았던 야고보는 혀, 즉 말은 삶의 수레바퀴를 불사른다(약 3:6)고 경고했다. 즉 말이 삶을 파괴할 수 있다는 의미가 아닐까?

동생이 다섯 살 때 있었던 일이다. 할머니께 우리 형제를 잠시 맡기고 외출하려던 부모님을 향해 동생은 자기도 데려가라며 온갖 생떼를 부렸다. 물론 지금은 충분히 동생의 행동이 이해된다. 이때가 한창 엄마와 떨어지지 않으려는 시기가 아닌가? 난감해하던 아빠는 당시 동생이 무서워하던 닭의 힘을 빌려 "ㅇㅇ아, 저기 닭 있다!" 하고 외치셨다. 화들짝 놀란 아이는 마루 위로 올라갔고, 이 순간을 틈타 부모님은 차를 출발시키셨다. 화가 난 동생은 달리는 차를 쫓아가다가 신발을 한짝 던지며 이렇게 외쳤다.

"가다가 차나 뒤집어져라."

다행히 동생은 진정됐고, 우리는 철없이 놀고 있었는데, 저녁쯤 됐을 때 저쪽에서 웬 산발을 한 여자가 검은 비닐봉지 하나를 든 채 신발을 한 짝만 신고 오고 있는 게 아닌가? 엄마였다. 엄마는 동생을 보자마자 몽둥이를 들었는데, 알고 보니 집에 돌아오는 길에 정말 차가 멀쩡한 길을 달리다 전복 사고가 난 것이다. 어머니는 차가 구르는 와중에 동생이 내뱉은 말이 생각났다고 했다. 그래서 아빠에게 현장 수습을 맡기고 집으로 달려오자마자 동생을 찾았던 것이다. 이 사건 후, 우리 가족은 동생이 부정적인 말을 내뱉으려고만 해도 앞 다퉈서 입을 막는다.

말에는 권세가 있다. 이유는 단순하다. 하나님은 우리가 내뱉는 말을 들으시는 분이다.

"여호와의 말씀에 내 삶을 두고 맹세하노라 너희 말이 내 귀에 들린 대로 내가 너희에게 행하리니"(민 14:28).

물론 우리가 부정적으로 말하면 하나님이 들으시고는 "너, 그렇게 말했지? 좋아, 그대로 해 줄게"라고 하시는 분이라는 의미는 아니다.

하나님을 향해 믿음 없는 말, 부정적이고 악한 말을 내뱉는 이들의 평상시 마음은 어떤 상태일까? 그들의 삶의 태도는 어떨까? 그들의 선택은 어떤 동기에서 이루어질까? 결국 어떤 사람이 내뱉는 말을 보면 그의 인격과 신앙이 고스란히 드러난다. 그래서 누군가 말은 마음의 거울이라고 했던 것이 아닐까?

말의 위력을 체감한 나는 공동체를 세워 가는 데 있어 '말'을 주의 깊게 다룬다. 한 예로, 어떤 모임이건 그 자리에 없는 사람에 대해서는 말하지 말자고 자주 도전한다. 심지어 그에 대한 좋은 이야기라 할지라도 말이다. 이것은 한 목사님의 경험에서 착안한 규칙이었는데, 그의 외국 유학 시절 학교 기숙사 교칙 중 하나가 그 사람이 없는 모임에서는 그에 대한 좋은 이야기든 나쁜 이야기든 하지 않는 것이었다고 한다. 하루는 그가 무의식적으로 그 자리에 없는 친구에 관한 칭찬을 하려고 했는데, 옆에 있던 친구가 자신에게 '수칙'을 되새겨 주면서 말을 제지했다고 한다. 모임을 마치고 혼자 있는 시간, 문득 그는 이런 마음이 들었다고 한다.

'아, 이 친구들은 내가 없는 자리에서도 내 이야기는 하지 않겠구나.'

그러자 이상한 안도감이 느껴졌다고 한다.

현명한 이 친구들과 달리 사울의 백성은 그러지 못했다. 가뜩이나 '자기애'가 강한 사울의 귀에 다윗과 비교하는 노래를 불렀다. 물론 사울이나 어린 시절의 내 행동을 정당화할 생각은 없다. 우리와 전혀 다르게 반응한 사람들도 있으니까 말이다. 세례 요한이 그랬다. 그가 역사의 전면에 섰을 때, 사람들은 그를 주목했다. 그의 설교를 듣기 위해 사람들이 몰려들었다. 수많은 사람이 그를 통해 세례를 받았다. 그의 영향력을 흠모하는 제자들이 몰려들었고, 그가 손대는 사역마다 사람들의 주목을 받았다. 그런데 예수라는 청년이 나타나면서 판도가 달라졌다. 예수는 자신보다 6개월 늦게 태어난 친척 동생이었다. 이것 하나만으로도 질투가 작동할 상황으로 충분하다.

　과거에 한 동기가 내게 말했다.

　"통령아, 동기 모임에 나와서 목회를 잘하는 방법에 대해 강의해 주면 좋겠어."

　나는 동기에게 이렇게 말했다.

　"사탄아, 물러가라. 너는 나를 넘어지게 하는 자로다."

　물론 농담을 섞어 한 말이지만, 나는 그의 제안을 완곡하게 거절했다. 이유는 단순하다. 아무리 취지가 좋아도 동기에게 '목회 잘하는 법'을 듣는 것은 나역시 불편하다. 동기는 '라이

벌 의식'이 작동하기 가장 쉬운 관계다.

계속 요한의 입장을 상상해 보자. 예수의 등장 이후 사람들은 언제 그랬냐는 듯이 요한보다 예수에게 열광했다. 심지어 제자 중에 이탈자도 나왔다. 이 상황을 불편하게 지켜보던 한 제자가 말했다.

> "선생님이 증언하시던 이가 세례를 베풀매 사람이 다 그
> 에게로 가더이다"(요 3:26).

이 제자는 자신의 진영이 예수의 진영에 비해 인기가 시들해지고 있음이 불편했다. 그래서 단순한 정보가 아니라 자기 생각을 첨가해서 과격하게 말하고 있다. "다' 그에게로 가더이다"라고 말이다. '다' 간 것은 아니다. 당장 이 말을 하는 자신은 요한의 제자로 남아 있지 않은가?

우리는 마음이 불편하면, 혹은 자신의 의도를 관철하기 위해 '과장'해서 말하는 경향이 있다. 그러나 이것은 위험하다. 우리의 말로 인해 누군가의 관계가 깨어질 수 있기 때문이다. 또한 누군가의 세계를 뒤흔들 수 있기 때문이다. 그러므로 우리는 상대방에게 정보를 전달하기에 앞서 자신을 먼저 점검해야 한다.

'나는 이 정보를 왜 상대에게 전달하려고 하는 것일까? 내가

원하는 대로 상대를 움직이려는 마음은 없는가?'

다행히도 요한은 제자의 말에 흔들리지 않았다. 그는 제자에게 이렇게 답했다.

"그는 흥하여야 하겠고 나는 쇠하여야 하리라"(요 3:30).

우리는 이 대목을 분석적으로 이렇게 설명하고 넘어갈 수 있다.

"세례 요한은 지독한 자기 사랑에 빠진 사람이 아니었다. 그는 하나님께서 자신에게 주신 역할이 예수님의 사역을 준비하는 것임을 알고 인정했다."

맞다. 그러나 이렇게 하는 것이 쉬운 것은 아니다. 영국의 유명한 주경가 F. B. 마이어(Meyer) 목사의 사례를 기억해 보라. 그가 목회하고 있던 교회 근방에 절친인 캠벨(Campbell G. Morgan) 목사와 황금의 입이라고 칭송받던 스펄전(Charles Haddon Spurgeon) 목사가 목회하고 있었는데, 성도들이 자신의 교회보다 다른 두 교회로 몰려들었다. 그는 자신의 입지가 점점 좁아진다는 느낌을 받았고, 어느 순간부터 두 목사를 향한 시기심이 들끓기 시작했다. 그는 목사로서 '시기심'에 사로잡히는 것이 좋지 않음을 알고 있었고, 그래서 시기하지 않으려고 수없이 결심하고 기도했지만 마음은 점점 질투에 잠식되어 갔다.

그러던 어느 날, 그는 기도의 방향을 바꾸었다. 자기 마음 속 시기심이 사라지게 해 달라는 기도에서 경쟁자인 캠벨 목사와 스펄전 목사의 사역과 삶이 잘 되게 해 달라는 기도, 즉 경쟁자의 성공을 위해 기도하기 시작했다. 그는 이 과정에서 자유함을 얻었다. 자신에게 주신 달란트만큼 자족과 감사로 사역하게 되었다.

혹시 누군가를 볼 때마다 그의 잘됨에 배 아프고, 그에 관한 이야기가 나올 때마다 슬쩍 부정적인 해석을 얹어 말하고 있다면, 당신도 세례 요한처럼 혹은 F. B. 마이어처럼 해 보라. 상대의 잘됨을 위해 기도하고, 상대의 잘됨을 축하해 보라.

하나님 앞에서 충성스러운 인생을 살아가라

하나님은 얼마나 많이 남겼느냐에 관심이 없으시다. 그분은 맡긴 것에 충성했는지에 관심을 두신다. 그가 이룬 것이 크든 작든, 하나님은 충성했다면 똑같이 칭찬하신다. 이 지점을 고진하 시인은 "천국엔 아라비아 숫자가 없다"고 말했다.

세상은 1등과 2등을 구분하며 상대 평가한다. 성과 중심으로 사람을 대한다. 어떤 대학을 나왔는가, 어떤 차를 타고 다니는가가 중요하다. 그러나 하나님 나라에는 1등, 2등이 없다. 하나님은 그저 절대 평가하신다. '맡겨진 역할을 잘 감당했는가?' 이것을 보신다. 그래서 바울은 도전했다.

"그리고 맡은 자들에게 구할 것은 충성이니라"(고전 4:2).

맡은 자에게 필요한 관심은 맡은 것, 즉 하나님이 맡겨 주신 역할에 있어야 한다. 맡겨 주신 역할을 잘하는 것, 그것이 충성이다. 반면, 시대의 영향을 받은 우리는 충성의 아류작인 열심과 열정을 쥐어짜 내며 살아간다. 경쟁에서 밀릴까 봐, 남보다 더 누리지 못할까 봐, 중요한 사람의 대열에서 밀릴까 봐 두려워 한다. 그 결과 철학자 한병철 씨의 책 제목처럼 '피로사회'를 체감하고 있다.

최근 한 집사님과의 만남 하루 전, 그녀를 위해 기도했다. 기도 끝에 고백되는 말은 "완벽하지 않아도 돼"였다. 조심스럽게 그녀에게 이 말을 전할 타이밍을 보고 있었는데, 그녀가 먼저 이렇게 말하는 것이 아닌가?

"목사님, 최근 몇 달 동안 기도도 안 나오고 의욕도 없는 답답한 시간을 보냈는데, 오늘 기도하는데 글쎄 하나님이 '좀 쉬어도 돼. 네가 아무것도 안 해도 나는 존재 자체로 너를 사랑해'라고 하셨어요."

신실하신 하나님을 찬양하라. 내게 주신 마음과 그녀에게 주신 마음이 동일했다.

열심히 그리고 성과를 내는 것보다 앞서야 할 것은 '나는 과연 맡겨진 일을 감당하는 사람인가?'이다. 당신이 맡겨진 일을 감당하고 있는 사람이라면, 당신은 충성된 하나님의 사람이다. 그것으로 충분하다. 하나님이 그 일을 맡겨 주신 것은 당신을 부려먹기 위함이 아니다. 당신을 사랑하셨기에 당신을 부르신 것이다. 당신을 하나님의 일에 참여시켜 주신 것이다.

다시 강조한다. 맡겨 주신 역할에 충실한 것, 이것이 충성이다. 이 개념을 세 방향에서 적용해 보겠다. 혹시 당신은 다른 누군가에 비해 힘들고 어려운 삶을 맡았는가? 아니면 몸이 약한가? 그래서 다른 사람처럼 왕성하게 활동하지 못하는가? 하나님이 신체적으로 뛰어나고 아름다운 외모, 훤칠한 키를 맡기셨음에도 불구하고 제멋대로 사용해서 주변을 착취하고 남보다 더 번 돈으로 죄의 기회를 삼는 사람보다, 비록 사고로 사지가 마비되었지만 하나님을 향한 믿음으로 수많은 이에게 꿈과 믿음의 도전을 주는 조니 에릭슨 타다(Joni Eareckson Tada)가 하나님이 보시기에 더 가치 있는 인생이요, 충성스러운 인생이라는 것을 기억했으면 좋겠다.

한편, 반짝이는 재능과 건강한 아이를 키우는 부모가 있는가 하면, 몸도 약하고 평범한, 때로는 또래에 비해 여러 능력이 뒤처지는 아이를 키우는 부모가 있다. 이때 부모가 가져야 할 관심은 '내게 맡겨 주신 아이'를 사랑으로 잘 맡아 기르는 것이다. 자랑할 것도 없고, 절망할 필요도 없다. 어려운 조건에 있는 아이를 키우는 부모가 이 책을 읽고 있다면, 아이를 성실하게 키우는 것만으로도 당신은 하나님께 충성하고 있는 것이라고 꼭 말해 주고 싶다. 물론 아이가 왜 이런 조건에서 살아가야 하는지 답답할 수 있다. 지켜보는 마음이 무척이나 힘들 것이다. 아이도 그만큼 갈등할 것이다.

"엄마, 하나님은 왜 내 기도를 안 들어주세요? 저도 앞을 보고 싶어요. 저도 걷고 싶어요."

그런데도 최선을 다해 아이를 위해 기도하며 양육하고 있다면, 아이의 질문에 어떻게 답할지 고민하고 있다면, 그것만으로도 당신은 하나님 앞에 맡겨진 삶을 잘 살아가고 있는 것이라고 말해 주고 싶다. 그리고 아이에게 완벽한 답을 해 주지 못해도 괜찮다. 우리가 만나는 대부분의 아픔은 해석이 안 된다. 그래서 인생을 '광야'라고 표현하는 것이 아니겠는가?

이제 이 관점(맡겨진 것을 감당하는 것이 충성)을 직장에 적용해 보겠다. 우리 대부분은 청년의 때 직장을 변화시키겠노라고, 섬김과 사랑으로 감당하겠노라고 각오하고 입사한다. 그리스도인으로서 본을 보이기 위해 남들보다 일찍 출근하고, 상사들이 떠넘기는 일도 힘들지만 감당한다. 문제는 그러다가 번 아웃이 된다는 점이다. 건강도 가정도 엉망이 되고 만다. 멋지게 직장과 가정을 감당하는 선배들의 간증을 들을 때마다 죄책 감을 느낀다.

'나에게 어떤 문제가 있는 건가? 나는 왜 견디지 못하지? 왜 감당하지 못하지?'

이것은 성경적인 생각이 아니다. 성경은 맡겨진 일에 충성 하라고 했다. 물론 각자가 처한 상황이 다르기에 정확한 범위 를 정해 줄 수는 없다. 그러나 한 가지 확신 가운데 말할 수 있 는 것은, 착한 아이 콤플렉스에 빠져 착한 사람으로서의 이미 지를 유지하기 위해 고군분투하는 사람처럼 '내가 그리스도 인이니까'라는 생각으로 모든 것을 다 떠맡을 필요는 없다는 것이다. 요셉을 생각해 보라. 그는 착한 그리스도인 콤플렉스 에 빠지지 않았다. 아닌 것은 아니라고 말했다. 보디발의 아 내가 시간 외 근무를 요청했을 때(물론 성적 유혹이었지만) 그는 단호 하게 거절했다.

가끔 이런 상상을 해 본다. 성경의 인물은 다 친절하고 모든 것을 다 떠안았을까? 그때마다 내 결론은 그렇지 않다이다. 그들은 하나님이 맡겨 주신 역할에 충성했다. 다니엘도 가끔 은 짜증을 냈을 것이다. 힘들고 우울한 날도 있었을 것이다. 그의 정적들이 떠넘기는 일을 다 도맡지도 않았을 것이다.

다시 강조한다. 모든 것을 다 짊어지지 마라. 하나님이 맡기신 영역에 충성해라. 이 관점으로 인생을 살면 질투는 힘을 잃게 된다. 나의 고유함으로 살아간다면 다른 사람과 나를 비교하느라 힘겹게 살지 않아도 된다.

하나님께 쓰임 받는 그릇이 되라

질투와 관련해서 강렬한 인상을 남긴 사건이 있었다. 날짜도 기억한다. 2019년 9월 5일. 그날 저녁 기도회 설교자가 자신이 중·고등학교 시절에 가장 친한 친구를 질투한 경험을 나누었는데, 기도회를 마치고 초등학생 아이 하나가 담당 사역자에게 "말씀을 들으며 많이 찔렸어요"라고 말했다. 아이는 교회 안에서 같이 드럼을 배웠으나 자신보다 연주 실력이 뛰어난 또래 여자아이를 질투했었다고, 그 아이가 연주하다가 실수했을 때 속으로 좋아하기도 했었다고 고백했다.

한편, 아이는 깨달음에 머물지 않았다. 그 친구를 화장실로 따로 불러(오해하지 마라! 때리려고 한 게 아니다) 자신의 질투했던 마음을 정직하게 나누고 사과했다. 감사하게도 상대 아이는 그 마음을 이해해 줬다. 나는 아이의 이 행동이 당연하다고 생각하지 않는다. 우리는 능숙하게 상대를 미워하고 질투하는 마음을 감춘 채 대화를 나눌 수 있는 사람이기 때문이다.

2022년부터 섬기고 있는 공공 기관 신우회가 있다. 내가 부임할 때만 해도 예배 참석 인원이 적었다. 그런데 신기하게도 내가 부임하고 몇 주가 지나자 앉을 자리가 없을 정도로 예배 인원이 늘어났다. 신우회 임원단은 싱글벙글이었고, 나 역시 뿌듯했다. 부끄러운 고백이지만 이런 생각까지 했다.

'왜 내가 맡기만 하면 다 잘될까?'

게다가 이런 생각에 기름을 붓는 격의 칭찬도 들었다.

"지난 담당 목사님께 명절 인사라도 드려야 하는데, 과거보다 분위기도 좋고 사람도 더 많이 모이고 있다고 말하기가 그래서 연락을 못 하고 있습니다."

나는 단 한 번도 만난 적이 없는 목회자와의 경쟁에서 이겼다는 이상한 희열을 느꼈다. 그런데 그날 저녁, 예수님은 나를 책망하셨다. 동기로부터 안부 전화를 받았는데, 그가 뜬금없이 예수님이 예루살렘에 들어갈 때 타신 나귀 새끼 이야기를 했다. 한참 얘기하던 동기가 갑자기 "내가 이 이야기를 왜 너한테 하고 있지? 너 들으라고, 네가 나귀 새끼니까 정신 차리라고 말한 건 절대 아니야!"라고 했다. 그런데 내 귀에는 이렇게 들렸다.

"통령아, 넌 나귀 새끼야!"

정신이 번쩍 들었다. 예루살렘에 들어갈 당시 예수님은 어린 나귀를 타셨다. 사람들은 예수님을 향해 경배했고, 소리

높여 환호성을 질렀다. 그런데 나귀가 마치 자기한테 하는 경배고 환호라고 착각한다면 얼마나 꼴사나운 일인가. 그런데 내가 그러고 있었던 것이다. 예수님 덕에 잘되는 공동체를 섬기고 있을 뿐인데, 마치 내가 그런 존재라고 착각하고 으스댔던 것이다. 나는 즉시 회개했다.

"주님, 저는 주님의 나귀 새끼입니다. 저는 주님의 도구입니다."

세례 요한은 이것을 알았던 것 같다. 그래서 "그는 흥하여야 하겠고 나는 쇠하여야 하리라"(요 3:30)라고 말할 수 있었다.

도구의 관건은 사용자가 누구인가다. 내가 마신 물컵은 박물관에 갈 수 없다. 그러나 루터(Martin Luther)가 마신 맥주잔은 루터 기념관에 지금도 전시되어 있다. 즉, 관건은 주님 손에 붙들려 쓰임 받는가, 혹은 깨끗한 그릇인가이지, 얼마나 대단한 도구인가가 아니다. 이미 사용인인 주님이 대단하시기에 도구는 깨끗하면 된다.

"그러므로 누구든지 이런 것에서 자기를 깨끗하게 하면 귀히 쓰는 그릇이 되어 거룩하고 주인의 쓰심에 합당하며 모든 선한 일에 준비함이 되리라"(딤후 2:21).

남과 경쟁해서 이기려는 삶, 질투에 먹이를 주는 삶을 중단하라. 그리고 주님의 도구가 되어 깨끗한 그릇으로 준비되는 데 집중하라. 맡기신 역할을 감당하는 데 집중하라.

기도

하나님, 저는 매 순간 세상이 '나' 중심으로 돌아가기를 원하는 사람입니다. 내 기분, 내 기대, 내 평판, 내 욕구, 내 컨디션, 내 일정. 이것 중 하나라도 틀어지면 크게 좌절하거나 상대 혹은 상황을 비난하고 원망했습니다. 극도로 화를 낸 뒤 기분이 풀리면 아무 일도 없었다는 듯이 상대를 대했습니다. 나는 최선을 다하고 있는데 대체 뭐가 문제냐며 오히려 사람들을 다그치기도 했습니다. 모임에 나가서 언짢은 마음으로 돌아올 때면 그날 모임에서 돋보이지 못했다고 느낀 것이 주원인이었습니다. 주변 사람들이 나를 통해 성장하고 격려받기보다는 나를 위해 사용되곤 했습니다.

하나님, 저를 불쌍히 여겨 주십시오. 제 파괴적인 말로 인해 상처받은 이들을 위로해 주십시오. 쉽게 상대에 대해 평가하고 수군거렸던 말로 인해 고통당했을 이들을 치유해 주십시오. 그저 맡겨 주신 삶을 잘 감당하고 싶습니다. 때로는 누군가보다 약하고 힘든 삶을 감당해야 할지라도 말입니다. 이 마음이 흔들릴 때마다 두 가지 성경 구절이 떠오를 수 있도록 도와주십시오.

"그리고 맡은 자들에게 구할 것은 충성이니라"(고전 4:2).

"그는 흥하여야 하겠고 나는 쇠하여야 하리라"(요 3:30).

저는 주님의 도구임을 기억하며 그저 맡겨 주신 자리에서 충성을 다하게 해 주십시오.

예수님의 이름으로 기도합니다. 아멘.

생각 나눔

1. 오늘 하루 뱉은 말들을 생각해 보라. 누군가를 파괴하거나 비교하는 말을 하지는 않았는가? 만약 내가 한 말을 누군가로부터 듣게 되었다면 기분이 어떻겠는가?

2. 최근 부러움, 질투를 유발했던 이들을 위해 기도해 보라. 그들을 위해 무슨 기도를 하겠는가?

3. 하나님이 당신에게 원하시는 충성의 영역은 무엇인지 생각해 보라. 충성된 영역에 쓰임 받기 위해 지금 즉시 순종해야 할 것은 무엇인가?

3부

○ ○ ○   ○ ○
부족함을 극복하는 시간

내면의 소리가 아닌

권능의 말씀에 기울여라

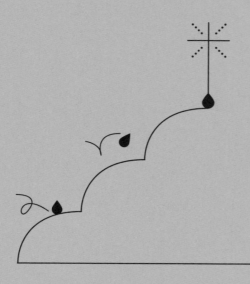

여러 가지 상황으로 마음이 힘들고 어려울 때가 있다. 그때 당신은 어떻게 행동하는가? 무엇을 찾는가?

20대 중반, 나는 기도하러 자주 교회에 갔다. 막상 텅 빈 예배당에 앉아 기도하려니 기도할 힘이 없었다. 무엇을 기도해야 할지 생각조차 나지 않았다. 그래서 찬양을 부르기로 했다. 그런데 무슨 찬양을 불러야 할지 아무 생각도 나지 않았다. 그래서 찍기 신공(?)을 발휘하기로 했다. 《찬미예수 1500》(코이노니아)을 펴서 제일 먼저 눈에 띄는 곡을 부르기로 마음을 먹었다. 그런데 하필 〈생명 주께 있네〉(대니얼 가드너[Daniel Gardner] 작사/작곡)가 보이는 것이 아닌가? 이런 기분으로 기쁘고 신나는 찬양을 어떻게 부를 수 있을까 싶었다. 그 당시 힘들고 우울할 때는 주로 〈아침 안개 눈앞 가리듯〉(김성은 작사, 이유정 작곡)을 불렀다.

아침 안개 눈앞 가리듯 나의 약한 믿음 의심 쌓일 때

빗줄기에 바위 패이듯 나의 작은 소망 사라져 갈 때

이후의 가사가 소망을 말하지만, 나는 이 두 가사를 주로 묵상했다. 내 안에 의심이 있음을, 나의 소망이 사라져 감을 연민했다. 그런데 〈생명 주께 있네〉를 불러야 한다니. 그래도 다른 대안이 없지 않은가? 그래서 불렀다.

생명 주께 있네 능력 주께 있네 소망 주께 있네 주 안에 있네

개미 소리만큼 작고 힘없는 목소리로 불렀다. 그리고 다시 한 번 불렀다. 또 불렀다. 그런데 입술로 선포한 고백이 내 귀에 들리기 시작했다. 순간 가슴이 뜨거워지면서, '생명도, 능력도, 소망도 하나님께 있는데 왜 내가 낙심하고 있지?'라는 생각과 함께 우울한 마음의 주름이 펴지기 시작했다. 그렇게 나는 알 수 없는 힘을 느끼며 텅 빈 예배당에서 홀로 일어나 뛰면서 찬양을 불렀다. 나는 이 경험을 성도들과 나눌 때마다 이렇게 도전한다.

"힘들고 어려울 때 그 마음을 하나님께 고백하십시오. 그러나 때로는 힘든 마음이 아니라 하나님을 묵상해 보십시오. 하나님이 어떤 분인지 스스로에게 선포해 보십시오. 때

로는 성경을 눈으로만 읽지 말고 일어나 큰 소리로 선포해
보십시오."

부정적인 생각을 버리고 하나님의 약속을 붙잡으라

처음 사역을 시작한 시기에 나는 패배감에 사로잡혀 있었다.
사역의 열매는 없고, 고3 아이들과 한 살 차이가 나는 나를 아
이들은 '형' 혹은 '오빠'라고 불렀다. 그날 나는 사역을 내려놓
아야겠다고 마음먹었다. 하지만 사람이 아무리 비장한 생각
을 하고 있어도 생리 현상은 어쩔 수 없는 법이다. 화장실에
갔는데, 앞에 적힌 한 성경 구절이 눈에 들어왔다.

> "두려워하지 말라 내가 너와 함께함이라 놀라지 말라 나
> 는 네 하나님이 됨이라 내가 너를 굳세게 하리라 참으로
> 너를 도와주리라 참으로 나의 의로운 오른손으로 너를 붙
> 들리라"(사 41:10).

마치 이렇게 느껴졌다.
'통령아, 내가 널 붙들어 줄 거야. 내가 너를 도와줄 거야. 걱
정하지 마.'

나는 소변기 앞에서 펑펑 울었다. 그리고 다시 용기 내어 사역을 계속했다.

우리는 너무 자주 내면의 소리가 하는 설교에 귀를 기울인 나머지 불안해하고 힘들어한다. 의욕을 잃고 자신감을 상실한다. 마틴 로이드 존스(Martyn Lloyd Jones)가 이 상황을 잘 묘사했다.

> 우리가 살면서 겪는 불행 대부분은 우리가 자신에게 말하는 대신 자신에게 귀 기울이기 때문에 일어난다. 아침에 눈을 뜨는 순간 당신의 머릿속을 스치는 생각들을 떠올려 보라. 당신은 원하지 않았지만, 그 생각들은 당신에게 말을 걸고 어제의 골치 아픈 문제들을 상기시킨다. 당신에게 말을 거는 이 사람은 누구인가? 바로 당신의 자아이다.[17]

탁월한 통찰이다. 우리는 매 순간 내면의 소리, 자아의 부정적인 소리를 경청한다. 나에게 가장 많이 말하고, 나에게 지금은 최악의 상황이라고 설득하는 존재는 다름 아닌 나의 내면이요, 나의 자아다.

이제 다르게 해 보자. 자아에게 하나님이 어떤 분인지 설교해 보라. 성경을 선포해 보라. 시편 43편의 시인이 그렇게 했다.

"내 영혼아 네가 어찌하여 낙심하며 어찌하여 내 속에서

불안해하는가"(5절).

그는 어떤 상황으로 인해 낙심과 불안을 느끼고 있었다. 마음은 두려움과 의심으로 가득했고, 입으로는 한숨을 내쉬고 있었다. 게다가 그의 자아는 그에게 끊임없이 상황이 암울할 것이라고, 힘들 것이라고 말했다. 그가 듣는 주된 소리가 자아의 소리이므로, 그는 자기 느낌을 확증 받는 기분을 느꼈다. 그 결과 확신 가운데 더 깊은 좌절과 부정적인 생각에 사로잡혔다. 아마 그가 이렇게 반응하는 데는 주변 사람들의 말도 한몫했을 것이다. 사람들이 상대를 걱정해 주는 방법은 주로 부정적인 상황을 다시 상기시켜 주는 것이다.

"경기가 계속 안 좋다는데, 힘들어서 어떡해요?"

게다가 우리는 시편 기자가 살던 시대보다 하나의 소리를 더 듣는다. 각종 언론과 SNS, 유튜브는 우리가 사는 시대를 최악이라고 말한다. 우리의 불안감을 부추기는 자극적인 이야기를 쏟아 낸다. 각종 사고와 위험을 앞 다투어 보도하며, 미래를 비관적으로 예견하는 권위자들의 글과 말을 쏟아 낸다. 즉, 시편 기자나 우리나 내외적으로 부정적인 소리에 둘러싸여 있다.

여호수아와 갈렙도 그랬다. 가나안 땅을 정탐했던 열 명의 정탐꾼이 돌아와 말했다.

"과연 그 땅에 젖과 꿀이 흐르는데 이것은 그 땅의 과일이
니이다"(민 13:27).

처음에는 본 그대로 정확하게 정보를 전달했다. 그러나 이
후 자신들의 해석을 슬쩍 추가한다.

"그러나 그 땅 거주민은 강하고 성읍은 견고하고 심히 클
뿐 아니라 거기서 아낙 자손을 보았으며 … 우리는 스스
로 보기에도 메뚜기 같으니 그들이 보기에도 그와 같았을
것이니라"(민 13:28, 33).

두 가지 단어를 주목해야 한다. '과연'과 '그러나'이다. 자신
들이 보기에도 '과연' 하나님의 약속대로 좋은 땅이 맞다고 한
다. '그러나' 자기 해석을 추가했다. 좋은 땅은 맞지만, 거기에
는 이미 강력한 군대를 가진 민족이 살고 있기에, 그곳에 가면
다 몰살당할 거라는 것이다. 아직 일어나지 않은 일, 부딪쳐
보지도 않은 일을 '절망'의 눈으로 바라보니 이미 패배한 사람
처럼 행동하고 있다. 우리 역시 매 순간 '과연'과 '그러나' 사이
에서 살아간다.

가끔 힘든 상황에 놓인 성도들이 찾아와 말한다.

"목사님, 제가 처한 현실을 한번 살아 보세요. 세상이 그렇

게 만만치 않습니다."

맞다! 현실은 만만치 않다. 나라고 왜 그것을 모르겠는가? 내 머리카락이 40대 초반에 왜 이렇게 하얗게 변했겠는가? 교회 개척, 만만치 않았다.

물론 현실을 무시하고 회피하는 것이 성도가 취할 삶의 태도는 아니다. 그러나 현실에 함몰되는 것 또한 성도의 태도는 아니다. 차가운 현실 속에서도 하나님의 약속을 붙들고 소망 중에 사는 것, 믿음으로 도전하며 사는 것, 이것이 우리의 태도가 되어야 한다.

처음 김천에 개척을 위해 왔을 때 '과연' 하나님의 약속대로 맨땅에 도시가 세워지고 있었다. '그러나' 개척 직전 3억 원에 가까운 돈을 사기당한 터라 혁신도시에 터를 잡고 개척할 수가 없었다. 물론, 그럼에도 불구하고 나는 하나님의 약속을 붙잡았다. 반드시 혁신도시에 교회가 세워지고 도시를 변화시키는 일을 하게 될 것이라고 믿었다. 그래서 교회는 구도심 유흥가에 있었지만, 날마다 혁신도시에 전도하러 갔다. 추운 겨울, 성도들과 공공 기관이 이전할 때마다 전도지와 따뜻한 차를 들고 나갔다.

교회가 당장 혁신도시로 올 수 없는 상황이었기 때문에, 혁신도시에 처음 세워진 아파트에 당시 5천5백만 원을 가지고 청약을 넣어 1차 탈락, 2차 추가 모집에 당첨되어 집을 샀고,

거기서 성경 공부를 시작했다. 당시 혁신도시 첫 아파트에 나와 비슷한 시기에 입주한 자매에게 주변 지인들을 성경 공부에 초대해 달라고 했는데, 막상 모집하고 보니 대부분 신앙의 경험이 없는 분들이었다. 나는 기도하며 그들에게 예수님은 누구신지, 구원은 무엇인지를 가르쳤다. 그러던 어느 날, 한 자매가 모임 중 내게 예수님이 믿어진다고 했다. 누가 가장 당황했는지 아는가? 나였다! 나는 되물었다.

"정말 예수님이 믿어지세요?"

"네!"

또 한 자매는 눈물로 고백했다.

"저는 고등학생 때까지 교회에 열심히 다녔어요. 부모님의 반대에도 불구하고 신앙을 지키려고 노력했어요."

그런데 대학 진학과 취업의 과정에서 신앙을 놓고 지냈는데 다시 예수님을 위해 살고 싶다고 했다. 그녀는 지금 우리 공동체의 소중한 리더가 됐다.

우리 집에서 시작한 성경 공부 이후 7년이 지났다. 교회는 6년 전 혁신도시로 이전했고, 현재는 3040세대가 주로 모이는 교회로 성장하고 있다. 나라고 왜 때로는 좌절과 절망으로 상황을 해석하고 싶은 유혹이 없었겠는가? 그러나 절망이 나를 지켜 주지 않는다는 것을 수없이 경험한 터였다. 나를 지켜 주는 것은 하나님의 약속이다.

안타깝게도 이스라엘 백성은 열 명의 정탐꾼이 내뱉은 절망의 소리에 반응했다.

> "온 회중이 소리를 높여 부르짖으며 백성이 밤새도록 통곡하였더라"(민 14:1).

사람들은 소망의 말보다 절망의 말에 더 쉽게 반응한다. 절망의 말은 우리 마음을 무장 해제시켜서 믿음이 아니라 절망의 렌즈로 삶을 해석하게 한다. 게다가 절망은 전염력이 강력하다. 열 명의 정탐꾼의 절망은 온 백성에게 영향을 미쳤다. 그들 역시 절망에 사로잡혀 하나님과 지도자인 모세를 원망했다. 급기야 모세를 돌로 쳐 죽이고 이집트로 돌아가자고 했다.

우리가 절망감을 그대로 방치하면, 절망감은 우리의 감정을 지배한다. 우리의 선택과 행동에 영향을 미친다. 우리의 희망을 앗아가고, 하나님과 그분이 하실 일을 신뢰하지 못하게 한다. 하지만 여호수아와 갈렙은 달랐다. 그들은 열 명의 정탐꾼의 말로부터 자신들의 마음을 지켰다.

"모든 지킬 만한 것 중에 더욱 네 마음을 지키라 생명의
근원이 이에서 남이니라"(잠 4:23).

나와 당신은 지켜야 할 것이 많다. 가정도 지켜야 하고, 직
장도 지켜야 한다. 공동체도 지켜야 한다. 그런데 성경은 그
모든 것 중에 '마음'을 최우선으로 지키라고 명했다. 마음에서
생명의 근원이 나오기 때문이다. 마음에 무엇을 담느냐에 따
라 생각과 말, 선택과 행동이 좌우된다. 그래서 우리는 악한
말, 불신앙의 말로부터 자신을 지켜야 한다. 하나님의 말씀을
파수꾼으로 세워야 한다.

"예루살렘이여 내가 너의 성벽 위에 파수꾼을 세우고
그들로 하여금 주야로 계속 잠잠하지 않게 하였느니라"
(사 62:6).

여호수아와 갈렙이 이렇게 했다. 이들은 하나님의 약속이
자신의 마음을 지키도록 했다. 그래서 선포했다.

"또 그 땅 백성을 두려워하지 말라 그들은 우리의 먹이라
그들의 보호자는 그들에게서 떠났고 여호와는 우리와 함
께하시느니라 그들을 두려워하지 말라"(민 14:9).

물론 백성은 여호수아와 갈렙의 말을 듣지 않았다. 오히려 그들을 돌로 치려고 했다. 그 결과가 무엇인가? 40년 뒤 가나안 땅에 들어간 1세대는 여호수아와 갈렙뿐이었다. 원망한 이들은 광야에서 인생을 마쳤다.

사람들이 내게 무엇이라 말하건, 아니 내 자아가 내게 무엇이라 말하건, 그것은 내가 통제할 수 없다. 그러나 그 말을 마음에 받아들일지 말지 결정하는 것, 마음껏 날뛰도록 방치할지 말지를 정하는 것은 내가 할 수 있다. 시편 43편의 시인도 그렇게 했다. 그는 부정적인 소리를 들었다. 자신의 자아도 그에 동조했다. 그러나 그는 부정적인 소리 혹은 자아가 멋대로 활개치도록 방치하지 않았다. 오히려 자아에게 진리를 선포했다.

"너는 하나님께 소망을 두라 그가 나타나 도우심으로 말미암아 내 하나님을 여전히 찬송하리로다"(5절).

진리를 선포하는 것은 너무도 중요하다. 진리를 선포하기 위해 평상시 충분히 말씀을 듣는 것은 더욱 중요하다. 성벽을 재건한 후 하나님의 말씀을 충분히 들었던 느헤미야와 유대 백성이 이것을 증명한다. 그들은 수문 앞 광장에 모여 학사 에스라에게 말씀을 배우고 싶다고 말한 이후 22일간 말씀을 들었다("에스라는 첫날부터 끝날까지 날마다 하나님의 율법책을 낭독하고"[느 8:18]). 그리고 하루 쉬고 자발적으로 다시 모여 하나님의 말씀을 들었다. 이후 실제적인 개혁들이 단행됐다.

순서를 기억하라. 말씀을 깨닫게 되자 회개가 터져 나왔다. 삶이 고쳐졌다.

대학교 2학년 때 강렬한 하나님의 은혜를 경험했다. 기도 중 뜨거워진 마음이 하나님을 알고 싶은 갈증으로 이어져 성경을 읽기 시작했다. 방학 기간, 나는 새벽 기도를 시작으로 잠들기 전까지 기도, 찬양, 성경 읽기만 반복했다. 하나님이 아닌 다른 것에 생각을 빼앗기는 찰나도 아까워서 방 밖으로는 잘 나가지 않았고, 가족들과의 접촉도 최소화했다. 밤이 되면 가족들이 잠든 이후 주방에 가서 기도했다.

당신에게 이렇게 하라고 권하는 것이 아니다. 내게 특별히 필요한 일이었기에 하나님께서 이런 시기를 주셨다고 믿는다.

처음에는 하나님의 사랑에 감격했다. 이후에는 하나님이 미워하시는 죄를 회개했다. 이전까지만 해도 죄를 회개한다고 하면 도덕적인 양심의 찔림이나 회개하지 않으면 무언가 나쁜 일이 일어날 것만 같은 불안 혹은 학습에 의한 자동적인 반응이었다. 그런데 이 시기에 죄가 미웠다. 하나님과 나 사이를 방해하는 죄가 싫었다.

하루는 "하나님, 제가 모르고 지은 죄까지도 회개하고 싶습니다. 생각나게 해 주십시오"라고 기도했는데, 전혀 인식하지 않았던 마음속 생각들이 떠오르면서 괴로웠다. '내가 이 정도까지 바닥이었나' 싶어 절망스러웠다. 그래서 "하나님, 저를 알면 알수록 너무 괴롭습니다. 그만 알고 싶어요"라고 기도한 적도 있었다. 이후에 성경을 읽다가 이것이 믿음의 선배들의 고백이라는 것을 알게 되었다.

"그러나 어느 누가 자기 잘못을 낱낱이 알겠습니까? 미처 깨닫지 못한 죄까지도 깨끗하게 씻어 주십시오"(시 19:12, 새번역).

죄를 회개하자, 하나님께 삶을 드리고 싶다는 강렬한 열망이 나를 사로잡았다. 이전까지만 해도 주로 내 상황, 내 아픔을 고백하는 찬양을 즐겨 불렀다면, 이때는 〈십자가를 질 수 있나〉(새찬송가 461장)와 같은 곡을 주로 불렀다.

십자가를 질 수 있나 주가 물어보실 때
죽기까지 따르오리 성도 대답하였다
우리의 심령 주의 것이니 주님의 형상 만드소서
주 인도 따라 살아갈 동안 사랑과 충성 늘 바치오리다

아마 느헤미야와 그 백성도 이런 영적 감각을 느끼고 있지 않았을까? 그들은 세 시간 동안 서서 말씀을 들었다("이날에 낮 사분의 일은 그 제자리에 서서 그들의 하나님 여호와의 율법책을 낭독하고"[느 9:3상]). 이후 세 시간은 하나님의 말씀을 떠나 내가 기준 되어 살았던 마음의 태도와 생각, 그로 인해 파생된 삶의 결과물을 회개했다("낮 사분의 일은 죄를 자복하며"[느 9:3중]). 회개를 마친 그들은 하나님을 경배하기 시작한다("그들의 하나님 여호와께 경배하는데"[느 9:3하]).

보라. 사람이 자기에 대해 깊이 알게 되면 회개가 터져 나온다. 반면, 하나님에 대해 알면 알수록 하나님을 경배하게 된다. 경배라는 단어가 다소 추상적으로 들릴 것 같아 다른 각도에서 설명해 보겠다. 우리는 사회적으로 성공한 사람, 존경받는 사람, 그런데 인격이 아름답고 사람을 존중할 줄 아는 사람, 세상을 보는 관점이 탁월하며 상황을 지혜롭게 해석하는 사람, 먼저 희생하고 헌신하는 사람 앞에 서면 그와 나의 차이에서 오는 존재감으로 인해 그를 마음의 떨림을 안고 대하게 된다. 그 앞에 서는 것만으로도 마음가짐을 새롭게 하게 되고, 그가 아무 말도 하지 않았으나 위로를 얻기도 한다. 게다가 누군가와 그에 관해 대화할 때면 나도 모르게 그의 삶을 칭송한다. 그가 한 일에 관해 마치 내가 한 일처럼 기뻐하며 자랑하기도 한다. 하물며 온 세상을 창조하신 하나님, 지금도 모든 것을 다스리시는 주권자 하나님, 우리를 죄로부터 구원하사 나를 사랑과 인내로 대하시고, 내 삶에 필요한 것을 알고 준비하며 공급하시는 하나님을 향해 존경과 떨림, 칭송과 경배가 터져 나오는 것은 당연한 것이 아닐까?

그런데 우리는 어느 순간부터인가 이 감각을 잃었다. 언제부터 이렇게 되었는가? 말씀을 향한 중심을 상실한 이후부터이다. 말씀이라는 안경이 내 어두워진 영적 시력을 교정해 줘야만 자신을, 세상을, 하나님을 바로 볼 수 있건만, 내 시력은 문제없다며 내 눈에 보기 좋은 대로 살며(창 3:6) 하나님과 동떨어진 이후부터이다. 그런데 느헤미야와 백성이 말씀을 충분히 듣고, 말씀이 그들의 영적 시력을 교정하자 회개하고 경배하기 시작한 것이다.

하나님의 시각으로 바라보라

나는 느헤미야 9장 5절이 너무 좋다.

> "너희 무리는 마땅히 일어나 영원부터 영원까지 계신 너희 하나님 여호와를 송축할지어다 주여 주의 영화로운 이름을 송축하올 것은 주의 이름이 존귀하여 모든 송축이나 찬양에서 뛰어남이니이다."

하나님이 누구신지 깨닫자 그들의 예배의 태도가 달라졌다. 이전까지는 내 아픔, 내 상황이 더 중요했다. 내 힘듦이 더 생생한 예배를 드렸다. 그래서 예배는 단순히 내 어려움을 토로하고 위로받는 시간 정도로 치부했다. 그런데 이제 달라졌다. 하나님을 경배한다. 하나님의 위대하심을 선포한다. 그런데 전혀 기대하지 않았던 내면의 든든함과 소망의 시선이 내게 자리 잡음을 경험한다.

혹시 어려움을 겪고 있는가? 사방으로 욱여쌈을 당한 상황인가? 마음이 힘들고 어려운가? 이때 하나님을 내 문제 안에 끌어들여 내 수준밖에 안 되는 존재처럼 취급해서는 안 된다. 오히려 눈을 들어 하나님을 바라보라. 성경을 펴서 하나님이 어떤 분이신지 당신의 자아에게 설교하라. 성경을 큰 소리로 선포하며 읽어 보라. 이렇게 할 때 우리의 시각이 달라진다.

느헤미야와 백성이 회개하고 경배한 뒤 무엇을 했는지 아는가? 그들은 자신들의 과거를 하나님의 시각에서 돌아보는 작업을 했다(느 9:7-38). 그중 9절을 소리 내어 읽어 보라.

> "주께서 우리 조상들이 애굽에서 고난 받는 것을 감찰하시며 홍해에서 그들의 부르짖음을 들으시고."

하나님의 시각으로 보니 출애굽은 당신의 백성의 고통을 돌아보신 하나님의 긍휼이 표현된 사건이었다. 홍해는 그들을 이집트의 전차 부대로부터 지키신 기적의 장소였다. 그러나 당시 백성은 어떻게 행동했는가? 홍해 앞에서 다 죽게 되었다고 절망했다.

무엇을 보는가보다 중요한 것은 어떤 시각으로 보느냐이다. 똑같은 사건을 하나님의 시선으로 보면 사랑과 공급, 기적의 사건이지만, 인간적인 눈으로 보면 결핍과 두려움의 시간으로 해석될 수 있다. 당신은 어떠한가? 광야가 있었지만, 광야에서 나를 보호해 주신 하나님의 손길을 보고 있는가, 아니면 결핍과 어려움만 보고 있는가? 많은 사람이 삶의 어두운 것만 본다. 고통과 실수, 아픔만 본다. 그러나 하나님의 말씀에 사로잡혀 하나님의 시각으로 인생을 보기 시작하면 광야의 결핍이 아니라 하나님의 은혜가 보이기 시작한다.

코넬리아 마크(Cornelia Mack)는 그의 책《네 모습 그대로 괜찮아》(IVP 역간)를 통해 이렇게 도전한다.

넘어지는 것은 인간적이고, 넘어진 채 머물러 있는 것은 마귀적이며, 다시 일으키는 것은 그리스도적이다.[18]

살다 보면 넘어질 수 있다. 아픔에 가슴을 쓸어내릴 수도 있다. 하지만 거기 머물러서는 안 된다. 그 순간에도 나와 함께하시는 하나님, 은혜 베푸시는 하나님을 바라보아야 한다. 하나님이 주시는 힘으로 다시 일어서야 한다. 그러니 더는 문제만 묵상하며 힘들어하지 마라. 내면의 소리에 민감하게 귀를 기울인 채 우울하게 지내지 마라. 당신의 삶 가운데 은혜 베푸신 하나님의 역사를 발견하고 바라보며 일어서라. 하나님이 펼쳐 가실 일을 기대하며 자아에게 말씀을 선포하라.

기도

하나님, 저는 자주 마음이 힘들고 상황이 어려울 때면 내면으로부터 소리치는 자아의 소리에 귀를 기울이곤 했습니다. 그래서 자주 의기소침했고, 두려움에 빠졌으며, 낙심했습니다. 이 상태가 되면 주변 사람들로부터 도망쳐 혼자 있으려고 했고, 엘리야처럼 '나만 홀로 남았으나' 콤플렉스에 빠져 깊은 우울감을 느끼곤 했습니다. 심지어 스스로 고립을 선택해 놓고는 주변 사람들이 내게 관심이 없다며 탓하기도 했습니다.

그러나 말씀의 빛 가운데 서 보니 이 순간 제가 어떻게 해야 할지를 깨닫습니다. 자아의 소리에 귀 기울이거나 상황을 두리번거리며 바라보기보다는 하나님의 말씀을 자아에게 선포하겠습니다. 더는 부정적인 생각이 제 마음을 잠식하도록 방치하지 않겠습니다. 말씀으로 마음을 지키겠습니다.

그리고 제 힘듦과 아픔, 상황만 더 중요하게 여겼던 예배를 멈추고 하나님을 경배하는 예배 드리길 소원합니다. 하나님, 말씀으로 어두워진 제 영적 시력을 교정해 주십시오. 선명하게 하나님을 볼 수 있는 시력을 허락해 주십시오. 그래서 삶의 구석구석에 자리한 하나님의 은혜와 사랑을 보며 하나님께 감사하는 삶을 살아가게 해 주십시오. 하나님의 위대하심과 사랑을 보며 하나님을 찬양하고 경배하는 삶을 살아가게 해 주십시오. 하나님을 제 수준으로, 땅으로 끌어내리기보다, 확신 가운데 하나님이 어떤 분이신지 자아에게 설교함으로 소망 가운데 살아가는 삶이 되게 해 주십시오.

예수님의 이름으로 기도합니다. 아멘.

생각 나눔

1. 지금 당장 성경을 펴서 각자에게 힘이 되는 말씀을 큰 소리로 읽은 후 다섯 번 정독하고 깊이 묵상해 보자.

2. 왜 그 말씀이 떠올랐는가? 당신이 처한 현재 삶의 환경에서 그 말씀이 어떤 의미로 다가왔는가?

3. 당신에게 힘이 되는 말씀을 메모지에 적어 눈에 보이는 곳에 부착해 보라. 일주일간 말씀을 자신에게 설교하고 삶에 어떤 변화가 있었는지 나누어 보자.

나와 너의 부족함을
주님이 채우신다

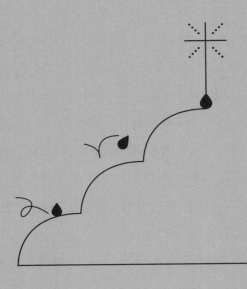

혼자서는 자랄 수도, 잘할 수도 없다

"전도사님도 다음 주에 안 오세요?"

과거 청소년 공동체에 처음 부임했을 때 한 아이가 내게 한 말이다. 몇 주간 공동체를 섬기며 아이의 말이 어떤 의미였는지 알게 됐다. 공동체 내부적인 문제로 사역자가 자주 교체되는 일이 있었고, 심지어 부임 한 주 만에 사역자가 사임하는 일도 있었다. 이것이 아이들에게는 상처가 되었다.

나는 상처 입은 공동체를 최선을 다해 섬겼다. 물론, 다시 상처 입을 것이 두려워 쉽게 마음을 주지 않는 사람들에게 다가가는 일이 쉽지만은 않았다. 솔직히 버거웠다. 당시 내가 할 수 있는 것은 작은 기도 모임을 만들고, 조용히 기도하는 것밖에 없었다.

그러다 첫 수련회를 가게 되었다. 나는 의욕적으로 하루에 세 번의 말씀을 전했는데, 문제가 발생했다. 말씀을 전하는 내 마음이 냉랭했다. 당황한 나는 시간이 날 때마다 하나님께 원인을 알고 싶다고 기도했다. 하지만 어떤 응답도 없었다. 마지막 날 저녁 집회 전, 나는 아이들에게 솔직하게 말했다.

"말씀을 전하는 내내 제 마음이 너무 냉랭합니다. 이 상태로 말씀을 전하자니 하나님과 여러분에게 미안한 마음이 큽니다. 저를 위해 기도해 주세요."

아이들은 나를 위해 기도했다. 나 역시 하나님께 질문했다.

"하나님, 제 마음이 왜 이렇게 냉랭한 건가요?"

마음속에서 한 가지 생각이 떠올랐다.

'정통령, 너 교만하다.'

억울했고, 화가 났다.

"하나님, 제가 왜 교만합니까? 말 안 듣고 훈련 안 된 이 공동체를 섬기기 위해 제가 얼마나 노력했는데요."

당신도 혹시 나처럼 하나님을 향해 자기 의로움을 주장하고 있다면 믿음의 선배 욥이 이미 시도했다가 실패한 전략이라는 것을 기억했으면 좋겠다. 욥은 자신의 신념대로 작동하지 않는 상황이 혼란스러웠다. 그는 하나님이 불의한 삶을 살지 않은 사람에게는 고난을 주시지 않는다고 믿었다. 그런데 자신이 고난을 겪고 있다. 자신은 의롭게 살았는데도 말이다. 그래서 불평한다. 그런 그에게 하나님은 반문하신다.

"내가 땅의 기초를 놓을 때에 네가 어디 있었느냐"(욥 38:4).

"네가 내 공의를 부인하려느냐 네 의를 세우려고 나를 악하다 하겠느냐 네가 하나님처럼 능력이 있느냐 하나님처럼 천둥소리를 내겠느냐"(욥 40:8-9).

우리는 하나님을 규정할 자격이 없다. 우리는 선과 악을 규정할 능력과 자격이 없다. 욥은 비로소 자신의 지적 교만을 깨닫는다.

"욥이 여호와께 대답하여 이르되 보소서 나는 비천하오니 무엇이라 주께 대답하리이까 손으로 내 입을 가릴 뿐이로소이다"(욥 40:3-4).

우리가 하나님 앞에 취할 수 있는 바른 태도는 '나의 무지함을 인정하는 것'이다(잠 30:2-3). 그런데 안타깝게도 당시 나는 지적 겸손을 잃어버린 상태였다. 그 결과 하나님을 향해 나는 피해자이고 헌신자인데 왜 내가 문제냐고 따져 물었다. 순간 한 가지 생각이 떠올랐다.

'너는 이 아이들을 한 수 가르칠 대상으로 취급하고 있다.'

나는 하나님의 지적 앞에 아무 변명도 할 수 없었다. 당시 나는 아이들에게 사랑한다고 자주 말했다. 그런데 하나님이 보시기에 이 말은 위선이었다. 나는 아이들을 사랑의 대상이 아니라 한 수 가르칠 대상으로 바라보고 있었다. 정직하게 나를 직면하자 하나님의 지적을 수긍할 수밖에 없었다.

나는 기도를 멈추고 공동체 앞에 내 모습을 정직하게 고백했다. 말로는 사랑한다고 했지만, 실상은 한 수 가르칠 대상으로 여겼던 것을 사과했다. 도저히 서 있을 힘이 없어 그 자리에 주저앉아 울었다. 그런데 잠시 후, 아이들이 내 곁으로 다가왔다. 그리고 날 위해 기도하기 시작했다.

그날 나는 결국 설교를 못 했다. 아이들이 나를 위해 2시간 이상 기도했기 때문이다. 우리는 서로 부둥켜안고 기도했다. 그리고 고백했다.

"우리는 동역자다."

이후 아이들과 나는 동역자가 되었다.

하루는 사역에 지쳐 교회 입구 계단에 멍하니 앉아 있는데, 한 아이가 오더니 "전도사님, 뭐 하세요?"라고 물었다. 이런 일까지 아이에게 말해서 무엇 하나 싶어 "나 혼자 있고 싶으니 그냥 지나가"라고 했더니 아이가 "전도사님, 말해 봐요. 우리는 동역자잖아요"라고 했다. 순간 아차 싶었던 나는 아이에게 당시 내 감정과 고민을 나눴다. 이러한 일들이 공동체 안에서 거듭 경험되면서 아이들은 나를 동역자로 인정했고, 그 결과 나 혼자 부린 열심과 헌신에 아무 열매가 없었던 것과 달리 아이들이 함께 섬기자 공동체는 성장하기 시작했다.

이것은 성경적 원리다. 전도서 기자는 "두 사람이 한 사람보다 나음은"(전 4:9)이라고 말했다. 인생을 살다 보면 홀로 있어야 할 때가 있다. 홀로 있고 싶을 때도 있다. 잠시 그렇게 하라. 그러나 '잠시'라고 단서를 달았음을 명심해야 한다. 하나님은 우리를 '홀로'가 아니라 '함께' 살도록 창조하셨다. 창조의 원리대로 사는 것이 인생을 잘 사는 길이다.

예수님도 이렇게 하셨다. 예수님은 제자를 단독으로 부르지 않으셨다. 열두 명의 공동체로 부르셨다. 왜 그러셨을까? 많은 이유가 있겠지만, 우리는 변화의 과정에서 나를 돕고 격려하는 존재가 필요하기 때문이다. 중독을 극복하는 다수의 프로그램이 이 점을 이해하고 적용했다. 이들 프로그램은 중독자들이 함께 그룹을 이뤄 고백하고 격려하게 한다.

우리 역시 마찬가지다. 하나님의 사람으로 살도록 격려하고 지지하고, 때로는 실패했을 때 안아 줄 수 있는 사람들이 필요하다.

"서로 돌아보아 사랑과 선행을 격려하며"(히 10:24).

과거 아바러브 교회 에디(Eddy Leo) 목사가 한 콘퍼런스에서 나눈 이야기가 아직도 내 뇌리에 생생하다. 한 남자가 예수를 믿고 과거의 삶을 청산했다. 그런데 그날, 주체할 수 없는 성적 욕망이 그의 가슴을 뒤흔들었고, 그가 도착한 곳은 과거에 자주 가던 사창가였다. 그가 막 그곳으로 들어가려던 순간, 그의 소그룹 리더로부터 한 통의 문자를 받았다.

"형제님, 하나님께서 과거에 자주 가던 곳에 가지 말래요."

정신을 차린 그는 그곳에 들어가지 않았다.

우리에게도 이와 같은 공동체가 필요하다. 말씀을 삶으로 살아 낼 수 있도록 용기를 북돋아 줄 공동체가 필요하다. 죄로부터 돌이킬 수 있도록 점검하고 지켜 줄 공동체가 필요하다. 말씀으로 살아가는 본을 보여 줄 공동체가 필요하다.

나는 공동체 안에서 과거 나의 부정직한 행동과 그것을 어떻게 처리했는지를 자주 나눈다. 총신대학교 학부 3학년, 군 제대 후 의욕을 가지고 수업을 들었다. 특히 히브리어를 열심히 공부했고, 그 결과 매주 치르는 쪽지 시험에서 만점을 기록하고 있었다. 그러다 보니 단 한 문제도 틀리지 않고 만점으로 수업을 마치고 싶다는 마음이 생겼다.

그러나 사람이 어떻게 완벽한 결과를 얻을 수 있을까? 그날도 쉽게 쪽지 시험 문제를 풀어 갔다. 그런데 9번 문제의 답을 적을 수가 없었다. 당신도 이런 경험을 해 보았을 것이다. 답을 어렴풋이 알겠는데, 명확하게 생각이 안 나는 상황. 결국 나는 9번 문제의 답을 적지 못했다.

교수님께 제출하려 앞으로 나가는데, 한 학우가 아직 자리에 앉아 문제를 풀고 있는 게 아닌가? 나는 무심코 친구의 쪽지를 보았다. 그런데 마치 영화의 한 장면처럼 9번 문제의 답이 크게 확대되어 보이는 게 아닌가? 내가 어떤 선택을 했을 것 같은가? 나는 즉시 "아, 이름을 안 적었네"라고 한 뒤, 자리에 돌아와 9번 문제의 답을 적어 교수님께 시험지를 제출했다.

그날 저녁 기도 시간, 성령께서 내 양심을 찌르셨다. 평생 강단에서 말씀을 전해야 할 사람이 할 행동이 아니었다. 나는 괴로운 마음으로 교수님께 이메일을 보냈다. 교수님과 학우들 그리고 하나님 앞에서 범죄했음을 실토했다. F 학점을 주셔도 할 말이 없다고 했다.

다음 날, 교수님은 이런 메일은 처음 받아 본다며 나를 부르셨다. 일상적인 대화로 분위기를 이끌던 교수님이 갑자기 재시험을 치르겠다고 하셨다. 내가 9번 문제를 잊겠는가? 교수님은 내 앞에서 시험지를 채점한 뒤 '만점'이라고 하며 말씀하셨다.

"학생, 훗날 목회할 때 이 순간을 절대 잊지 마세요."

이 이야기가 공동체에 격려와 도전이 되었다. 실제로 많은 성도가 이 이야기를 들은 직후 과거의 부정직과 잘못을 고백하고 변상하는 일들이 줄을 이었다.

개척 초창기에 한 자매가 봉투를 들고 찾아왔다. 사연을 들어 보니, 내가 하는 양육을 통해 성경의 가치를 배우고 기도

하던 어느 날 성령께서 양심을 찌르셨다. 대학에 다닐 때 빵집 아르바이트를 했는데, 아르바이트생들 사이에 암묵적으로 빵을 몰래 집어 먹는 분위기가 형성되어 있었다고 한다. 자매도 그렇게 했고 당시에는 아무런 문제의식을 못 느꼈는데, 성경을 통해 '정직의 삶'에 대해 알게 되어 빵집 사장님께 사실을 알리고 변상하러 간다고 했다.

나는 자매를 격려했다. 자매는 빵집 사장님을 찾아가 사실을 말했다. 그런데 사장님은 알고 있었다고 했다. 하지만 학생들이 얼마나 배가 고프면 저럴까 싶어서 모른 척했다고 했다. 그리고 지금이라도 이렇게 찾아와 말해 주니 고맙다고 했다. 빵집 사장님은 봉투를 받지 않고 오히려 두 손 가득 빵을 자매에게 안겨 보냈다. 그날 저녁 우리는 그 빵으로 마음도 배도 채울 수 있었다.

또 다른 자매는 처녀 시절 ○마트에서 물건을 슬쩍했었다. 그녀는 내 이야기를 듣고 기도하던 중 그 마트를 수소문했으나 그 지점은 사라지고 없었다. 하는 수 없이 ○마트 본사에 전화해서 과거 자신이 물건을 슬쩍했음을 고백했다. 본사 관계자는 이런 경우가 처음이라며 내부 회의를 거쳐 연락을 주겠다고 했다.

며칠 뒤 본사에서 전화가 왔는데, 이미 당시 지점이 없어졌으니 변상하지 않아도 된다는 내용이었다. 그녀는 이 일을 통해 성장했다. 그뿐만 아니라 그녀의 이야기는 또 다른 이들을 정직의 삶으로 인도했다. 부디 하나님께서 당신에게 허락하신 공동체를 통해 '서로 돌아보아 사랑과 선행을 격려'하는 유익을 경험하기를 소망한다.

누군가의 동역자가 되어 주는 인생을 살라

한편, 전도서 기자는 '두 사람이 함께 누우면 따뜻하다'(전 4:11)고 말했다. 여기 '따뜻하다'라는 표현은 팔레스타인 지역을 여행하는 나그네들이 기온이 급강하하는 밤에 서로 바짝 붙어 잠으로써 추위를 이겨 내는 모습을 묘사하는 말이다. 사람과 사람의 관계가 외부의 추위와 악조건을 견디게 해 준다는 말이다.

기독교 상담가인 래리 크랩(Larry Crabb)은 자신을 찾아온 사람들이 삶에서 직면하는 문제의 90퍼센트가량은 좋은 친구만 있으면 해결될 것이라고 조언한다. 그러나 그들은 친구를 만들기보다 돈을 들이며 상담가를 찾는다고 안타까워했다.

이것이 당신의 모습은 아닌가? 과거의 나처럼 홀로 모든 것을 감당하다가 지쳐 버리지는 않았는가? 마음은 냉랭해진 채 돕지 않는 주변 사람들을 원망하고 있지는 않은가? 하나님이 보시기에 그 당시 문제의 핵심은 공동체가 아니었다. 하나님께서 붙여 주신 동역자를 동역자로 보지 못하는 내 눈이 문제였다. 그 결과 엘리야처럼 '나만 홀로 남았으나' 콤플렉스에 빠져 있었다. 나만 '열심이 유별한 사람'이라는 자기 의에 빠져 있었다. 그래서 늘 피해자를 자처했다. 쉽게 번 아웃이 됐다.

당신은 어떠한가? 가정을 바꾸기 위해 부단히 노력했지만 아무도 협조하지 않아 절망스러워하고 있지는 않은가? 교회 공동체를 위해 '나만' 애쓰고 있다고 생각하고 있지는 않은가? 그렇다면 기억하라. 하나님은 엘리야에게 동역자 엘리사를 예비해 두셨다. 바알에게 무릎 꿇지 않은 7천의 사람을 남겨 두셨다. 그리고 당신을 위한 동역자도 예비해 두셨다.

한 성도가 외로움을 호소하며 말했다.

"하나님께 마음을 나눌 수 있는 좋은 동역자 한 명만 붙여 달라고 오랜 기간 기도했는데 응답이 없네요."

나는 그녀에게 기도를 바꿔 볼 것을 권했다. 이미 하나님께서 붙여 주신 동역자를 볼 수 있는 겸손한 눈을 달라고, 내가 상대의 동역자가 되어 주는 그 한 사람이 되게 해 달라고 말이다. 이 조언은 경험에서 우러나온 말이었다. 내 곁에는 취미가 많은 청소년 동역자가 있었다.

"○○아, 교회 청소 좀 도와줄래?"

"네, 전도사님. 저는 청소가 취미예요."

"○○아, 화분 좀 같이 들어 줄래?"

"전도사님, 저는 화분 나르는 게 취미예요."

아이는 든든한 동역자였다. 그런데 그날은 표정도 어둡고, 사역도 하는 둥 마는 둥 했다. 왜 그러는지 물어도 대답이 없었다. 고민하던 아이가 잠시 놀이터에 가서 이야기하자고 했다. 갔더니 첫마디가 "전도사님, 저 힘들어요"였다. 내가 뭐라고 했는지 아는가?

"넌 리더니까 참아!"

나는 그날 아이의 태도가 불편했다. 그래서 평소랑 다르게 행동할 수밖에 없는 아이의 마음을 살피지 못했다. 아이의 감정을 공감하지 못했다. 그날 저녁, 아이는 자기 집에서 하루만 같이 자 달라고 했다. 몇 차례 싫다고 했는데도 아이는 집요하게 같이 가자고 했다. 하는 수 없이 따라갔다.

아이의 할머니가 맞아 주셨고, 간단하게 컵라면을 먹고 잠이 들었다. 그러다 거실에서 들리는 다투는 소리에 눈을 떴다. 아이의 엄마로 예상되는 여성이 술에 취해 시어머니와 다투고 있었다. 아이는 이불을 덮고 돌아누운 채로 울고 있었다. 나는 당시 흐느끼는 아이를 안아 줄 용기가 없었다. 이 상황에서 어떻게 해야 할지 몰라 당황했다. 그래서 잠든 척한 상태로 조용히 같이 울었다.

인생을 살다 보면 내가 필요할 때 소중한 사람들이 한 발 뒤로 물러날 때가 있다. 내가 필요한 건 아무 말 없이 곁에 있어 주고, 내 이야기를 들어 주는 것인데, 그들은 내 삶과 멀어지는 것 같다. 물론 다 그런 것은 아니겠지만 내 경험상, 나도 그 일을 처음 겪어 당황해서, 그를 어떻게 대해야 하는지 몰라 그렇게 행동할 때가 있다. 나 역시 그랬다. 그날 가정불화로 아파하는 아이를 어떻게 대해야 하는지 몰라서 당황했다.

처음 겪는 상황들, 당황스러운 상황을 겪으면 우리는 어떻게 해야 하는지 몰라 마땅히 해야 하는 행동을 못 할 때가 있다. 한 자매가 정신적으로 힘들 때, 나는 당황했다. 그녀를 어떻게 돕고, 어떻게 대해야 하는지 몰랐다. 그래서 그녀에게 공동체가 필요할 때 나는 더 깊이 개입하지 못했다. 그러고 몇 년 후, 나는 자매를 우리 집에 초대했다. 그리고 사과했다. 그때 당황한 나머지 더 많이 함께하지 못했다고 말이다. 자매 역시 사과해 줘서 고맙다고 했다.

상투적인 말로 들리겠지만, 우리는 아빠도 처음이고, 엄마도 처음이다. 자녀 노릇도 처음이고, 담임목사 노릇도 처음이다. 물론 배우고 노력한다. 그러나 때로는 당황한 나머지 마땅히 해야 할 역할을 못 할 때가 있다. 그날 밤 내가 그랬다. 아이에게 필요한 것은 따뜻한 포옹이었을 텐데, 나는 그렇게 하지 못했다. 잠시 후, 성령께서 내 마음을 책망하셨다.

'아, 나는 내 가장 가까운 동역자의 아픔도 헤아리지 못하는 사람이었구나.'

아이에게는 내가 필요했다. 엘리사에게는 엘리야가 필요했다. 때문에 엘리야는 자기 연민의 구덩이에서 빠져나와 힘을 내야 했다. 엘리사를 세우고, 그가 선지자로서 어떤 삶을 살아야 하는지 롤모델이 되어 주어야 했다.

하나님께서는 당신의 엘리사를 예비해 두셨다. '나'에게 몰입된 시선을 거두고 그를 바라보라. 그에게 다가가 먼저 친구가 되어 주라. 바나바는 그렇게 했다. 그는 마가를 보았다. 사실 마가는 바나바에게 좋은 동역자는 아니었다. 그는 제1차 전도 여행 도중 선교지의 어려움을 이겨 내지 못하고 중도 포기한 사람이었다. 무책임한 패배자였다. 그러나 바나바는 마가를 포기하거나 정죄하지 않았다. 제2차 전도 여행을 시작하며 바나바는 마가에게 다시 기회를 주고 싶었다. 이 과정에서 바나바는 마가의 합류를 반대했던 바울과 결별하는 아픔을 겪어야 했다.

바나바는 왜 그랬을까? 아직 미숙하지만, 마가 안에 두신 하나님의 가능성을 본 것이 아닐까? 마가에게 자신이 필요함을 알았던 것이 아닐까? 나는 이것이 사람을 세우는 핵심 원리라고 생각한다. 상대방에게 두신 하나님의 가능성을 믿는 것. 나에게 일하신 것처럼 상대에게도 충분히 일하실 수 있다는 것을 믿는 믿음이 필요하다.

사람은 믿어 주는 만큼 자란다

당시 공동체에 작은 중1 남자아이가 있었다. 아이는 크게 튀지 않고 성실하게 예배에 나왔다. 그런데 그게 아이의 모습 전부가 아니었다. 하루는 아이 엄마가 찾아와서는 아들이 지난밤 아버지에게 칼을 휘둘렀다고 말했다. 그녀는 눈물을 흘리며 아들이 방황하지 않도록 도와달라고 했다.

나는 아이를 만났다.

"○○아, 제일 하고 싶은 게 뭐야?"

"PC방 가서 게임하고 싶어요."

그날부터 나는 일주일에 세 번, 아이와 함께 PC방에 갔다. 이 과정에서 아이의 상황을 알게 되었다. 아이 아버지는 알코올 의존증과 도박 중독으로 가족을 힘들게 하는 사람이었다. 폭력적이었고, 제멋대로 굴었다. 아이는 아빠와 같이 있는 것만으로도 숨이 막혔다. 그나마 탈출구로 게임이라도 하고 싶은데(대부분 게임 중독은 게임 자체가 아니라 관계의 문제에서 출발한다), 아빠가 집에만 오면 컴퓨터로 고스톱을 치며 비켜 주지를 않고, PC방에 가자니 돈이 없는 상황이었다. 나는 당시 아이에게 특별한 조언을 하지 않았다. 그저 같이 PC방에 가서 게임비를 내 줬을 뿐이다.

시간이 흘러 나는 사역지를 옮겼다. 그런데 약 7년 전, 아이가 나를 수소문해서 찾아왔다. 아이는 청년이 되어 있었다. 아이는 조심스럽게 말했다.

"목사님, 그때 PC방비 내 주셔서 감사합니다. 저 대학에서 게임 관련 학과 다녀요."

아이는 이 말을 하고 싶어서 먼 곳에서 날 찾아왔다.

이와 비슷한 경험이 한 번 더 있었다. 그 아이는 방황 중인 불량 청소년 중 하나였다. 초등학교까지 말 잘 듣던 딸이 갑자기 돌변하자 아이 엄마는 당황했다. 아이 엄마는 날 찾아와 아이를 설득해 달라고 했다. 나는 아이를 만났다. 고민이 있는지를 묻는 내게 녀석은 선배들에게 상납금을 정기적으로 가져다줘야 하는데 그 돈이 없다며 돈을 빌려 달라고 했다. 아니, 담당 전도사한테 '삥'을 뜯는 녀석이 어디 있나? 기가 찼지만 뜯겨 줬다. 이후 아이는 몇 번 더 내게 삥을 뜯었다. 그때마다 나는 녀석에게 말했다.

"○○아, 난 널 믿어."

시간이 흘렀고, 나는 사역지를 옮겼다. 그런데 약 7년 전, 이 아이도 내 전화번호를 수소문해서 내게 연락을 해 왔다. 아이가 엄마한테 이렇게 말했다고 한다.

"나 지금 잘 컸는데, 목사님은 내가 방황할 때 모습만 기억하시면 어쩌지?"

그래서 자기가 잘 컸고, 그때 알고도 속아 줘서, 믿어 줘서 고맙다고 말하기 위해 내게 연락했다고 했다.

나는 지금 방법론을 이야기하는 것이 아니다. 앞에 있는 사람의 문제와 잘못을 지적하기에 앞서, 하나님께서 그에게 두신 가능성을 먼저 보자는 말이다. 그를 믿고 격려해 준 뒤 문제를 지적해도 늦지 않는다는 말이다.

격려는 믿음의 영역이다. 하나님이 그의 인생을 성숙시켜 가실 것이라는 믿음, 그에게 하나님이 두신 가능성이 있다는 믿음, 이 믿음이 사람과 만나면 성장이 일어난다. 이 점을 잘 이해했던 독일의 시인 괴테(Johann Wolfgang von Goethe)는 말했다.

> 당신이 어떤 사람을 현재 보이는 모습 그대로 대하면 그는 계속 지금 상태로 남을 테지만, 그 사람의 잠재력을 믿어 주면 그는 그 믿음대로 될 것이다.[19]

괴테의 말을 마가가 증명했다. 훗날 마가는 성장해서 마가복음을 기록했을 뿐만 아니라, 바울이 로마 감옥에서 그의 마지막을 앞두고 영적 아들 디모데에게 "마가를 데리고 오라 그가 나의 일에 유익하니라"(딤후 4:11)라고 평가받는 존재가 되었다.

우리 주변에도 아직 가능성을 만개하지 못한 마가가 있다. 그들의 가능성을 믿고 격려하며 함께해 줄 바나바를 기다리는 마가가 있다. 그런데 우리는 바나바가 되어 주기보다는 바나바만 기다린다. 그 한 사람, 바나바가 없다고 한탄한다. 하나님은 우리를 바나바로 세우셨는데 말이다. 당신 앞에 있는 마가를 알아채는 눈이 열리기를 기도한다.

동역자들을 대하는 팁

자, 이제 내 삶의 경험을 통해 터득한 마가를 대할 때 고려해야 할 몇 가지 팁을 공유해 본다.

상대와 같은 속도로 걸어 주라

둘째 아이는 나에게 자주 안아 달라고 요구한다. 그때마다 힘들지만, 아이를 안으면 아이는 기다렸다는 듯이 내게 재잘재잘 이야기꽃을 피운다. 아이는 다리가 아픈 게 아니라, 나와 대화하고 싶었던 것이다. 아빠 눈을 보며 대화하고 싶지만 아빠와의 키 차이 때문에 그러지 못하고, 아빠의 말을 명확하게 듣고 싶은데 들을 수 없어 아이는 답답했던 것이다. 나 역시 아이를 안고 아이의 눈을 본다. 아이의 웃는 표정이 보인다. 그러면 아이가 너무나 사랑스러워 견딜 수 없어 꼭 안아 주게 된다.

아이의 속도로, 아이의 눈높이로 같이 걷는 인생이 주는 유익은 크다. 예수님도 이렇게 하셨다. 그분은 야이로의 집으로 가던 중에 멈추어 서서 혈류증을 앓는 여인의 사연을 들어 주셨다. 그분은 그녀의 속도에 맞추기 위해 가던 발걸음을 멈추셨다. 한편, 그분은 군중의 틈바구니에서 돌무화과나무에 오른 삭개오를 멈춰 서서 바라보셨다.

그분은 이 땅에서 당신의 속도가 아니라 우리의 속도로 걸으셨다. 당신의 위치가 아니라 우리의 위치로 내려오셨다. 그 결과, 그분은 우리를 깊이 이해하셨다. 공감해 주셨다. 그리고 이런 예수를 만난 사람들은 회복되었다. 그에게 두신 하나님의 가능성이 현실이 되었다. 죄인은 회개하고 돌이켜 믿음의 사람이 되었다.

다시 한 번 권한다. 당신 앞에 있는 마가의 속도에 발맞추어 걸어라. 그래야 풍경이 보일 것이다. 사람이 보일 것이다. 그를 향한 하나님의 마음이 보일 것이다.

상대의 어려움에 관심을 가지라

어느 노총각이 아버지에게 질문했다.

"아버지, 결혼하면 좋아요?"

이 아버지의 대답이 지혜롭다.

"아들아, 연애는 서로 만나서 좋은 것을 같이하는 것이고,

결혼은 서로 만나서 힘든 것을 같이 감당하는 거란다."

관계에 대한 탁월한 이해를 바탕으로 한 조언이다.

함께 인생을 살아간다는 것은 서로의 어려움을 함께 감당하는 것이다. 이것을 히브리서 기자는 '서로 돌아보아'(히 10:24)라고 표현했는데, NIV 성경을 보면 'consider', 즉 '고려하다, 생각하다'라는 의미를 담고 있다. 즉 상대의 표면적 모습이 아닌 내면과 삶을 구체적으로 살펴보는 헌신이 우리에게 필요하다는 도전이다.

신대원을 다닐 시기에 나는 경제적으로 굉장히 힘들었다. 한 달 70만 원의 사례비로 신대원 학비, 일산에서 용인까지 매일 왕복하는 교통비, 게다가 청소년 사역은 먹이는 사역이 아닌가? 아이들 간식비에 쓰고 나면 사실상 학자금 대출에 생활 대출을 받아도 늘 부족했다. 급기야 형편이 안 좋아져서 살던 고시원을 나와 3천 원짜리 찜질방 생활을 시작했는데, 그 생활이 얼마나 고단하던지, 온몸이 경직되고 제대로 잠을 이룰 수 없어 늘 피곤한 상태로 생활해야 했다. 그 결과 찜질방 생활 6개월 만에 대상포진에 걸렸다.

당시 내 어려운 형편을 눈치챈 청소년 교사 두 분이 일산 마두동에 한 달에 75만 원을 내는 월세 오피스텔을 얻어 주셨다. 당시 내겐 꿈만 같은 집이었다. 나는 두 분의 배려로 전임이 되기 전까지 2년을 좋은 환경에서 공부하고 목회할 수 있었다. 몇 년 전, 개척 후 가진 첫 안식월 기간에 두 분을 찾아 뵙고 맛있는 음식을 대접했더니 "우리 목사님이 개척하고 망하지는 않았나 봐요. 밥 사는 거 보니까" 하며 감격하시는 모습을 보았다. 지금의 내가 있기까지 내 어려움에 눈 감지 않고 내 어려움을 자신의 어려움으로 감당해 준 선배 바나바들의 헌신이 있었기에 지금의 내가 있음을 고백하게 된다.

세 겹줄의 관계를 유지하라

"한 사람이면 패하겠거니와 두 사람이면 맞설 수 있나니 세 겹줄은 쉽게 끊어지지 아니하느니라"(전 4:12).

우리의 관계는 나와 너의 관계를 넘어 세 겹줄, 그리스도 예수 안에서의 관계로 성숙해 가야 한다. 두 사람이 만나 서로의 좋은 점을 발견하고 서로를 기뻐하며 교제하는 것에는 유통 기한이 있다. 그것이 상대적으로 짧은가, 긴가의 차이만 있을 뿐이다. 이유는 단순하다. 우리는 아담의 후손이다.

이 말에는 많은 의미가 있겠지만, 관계의 측면에서 보면 아담과 하와도 타락 직후 서로의 허물을 보았다. 서로를 탓했다. 우리의 관계도 예수 안에서 성숙해 가지 않으면 반드시 이렇게 흐른다. 이것이 많은 교회 안에서의 만남이 실망과 상처로 끝나는 이유이며, 부부 관계에 있어서도 상처가 누적되는 원인이다.

두 사람의 관계에 반드시 예수님을 초대하라. 예수님께 상대를 사랑할 힘을 구하라. 상대의 보이지 않는 아픔을 살필 수 있는 눈을 구하라. 바나바도 그렇게 했을 것이다. 마가의 행동이 눈에 거슬릴 때마다 그는 예수님께 기도했을 것이다. 기도의 과정 중 마가를 향한 예수님의 기대를 발견했고, 마가만큼 문제가 많은 자신을 직면했을 것이다. 게다가 다시금 마가와 관계를 이어 갈 힘과 위로도 얻었을 것이다.

나는 당신이 어떤 사람과 어떤 형태의 관계를 맺으며 살고 있는지 알지 못한다. 그러나 꼭 부탁한다. 세 겹줄의 관계로 성숙해 가라. 아, 여담이지만, 앞서 소개한, 나에게 자기 집에서 하루만 자 달라고 요청했던 아이를 기억하는가? 그 아이는 지금 목사가 되어 내 곁에 있다. 학사 장교를 마치자마자 개척한 지 몇 년 안 된 공동체에 헌신하겠다고 합류했다. 성실하게 공동체를 섬겼고, 이곳에서 결혼했고, 자녀를 낳았고, 지금도 여전히 나의 좋은 동역자로 남아 있다.

부디 하나님께서 당신의 눈을 열어서 당신에게 이미 허락하신 동역자를 보는 눈이 열리기를 기도해 본다. 당신의 인내와 사랑 그리고 지지가 필요한 마가를 보는 눈이 열려 그의 속도로 걷는 삶의 기쁨, 그를 돌아보는 특권, 예수님 안에서 더 깊어진 관계를 누리기를 소망한다.

기도

하나님, 저는 자주 엘리야처럼 '나만 홀로 남았으나' 콤플렉스에
빠져 살았습니다. 나만 '열심이 유별한 사람'이라는 자기 의에 사
로잡혀 자주 피해자를 자처했고, 쉽게 낙심하고 번 아웃됐으며 외
로워했었습니다. 그래서 제 마음에 꼭 드는 좋은 동역자를 갈망
했고, 그런 동역자가 없음을 슬퍼했습니다.

하나님, 이 시간 제 눈을 새롭게 하셔서 함께 격려하고 서로
의 기도 응답이 되어 줄 동역자를 볼 수 있게 해 주십시오. 혹시
제 마음에 자리 잡은 교만으로 붙여 주신 동역자를 한 수 가르
칠 대상 정도로 취급하고 있다면 제 마음을 책망하고 일깨워 주
십시오.

하나님, 저는 마가의 실수를 용납하지 못했던 바울처럼, 상대의
실수 혹은 결점이 보이면 그를 멀리하려는 경향이 있습니다. 하
나님께서 제 모든 실수와 허물을 아셨음에도 기다리고 믿어 주셔
서 지금의 제가 있건만 저는 다른 이를 이처럼 대하지 못할 때가
너무도 많았습니다.

저도 제가 받은 사랑을 고스란히 동역자에게 베풀 수 있게 도와

주십시오. 그와 같은 속도로 걸어 주는 사람, 그의 어려움에 관심을 갖고 그의 인생 짐을 함께 감당하는 사람으로 살게 도와주십시오. 무엇보다도 붙여 주신 동역자의 결점이나 연약함이 보여 거슬릴 때마다 그를 위해 기도하는 사람으로 살게 해 주십시오.

예수님의 이름으로 기도합니다. 아멘.

생각 나눔

1. 당신이 주기적으로 만나고 있는 3인 이상의 공동체를 적어 보자. 그중에 당신의 삶을 정직하게 나눌 수 있는 공동체가 있는가?

2. 당신의 삶과 관련된 동역자들을 소중하게 여기고 있는가? 그들의 어려움과 삶을 헤아리며 동역하고자 노력하고 있는가?

3. 동역자들과의 관계가 예수님 안에 형성되어 있는가? 이 책을 함께 읽는 동역자들과 기도 제목을 나누고 서로를 위해서 기도해 보라.

안식은 바쁨을

기쁨으로 바꾼다

온전한 쉼이 건강한 사역을 만든다

몇 년 전, 한 교회에 12년 전 부임해서 목회를 잘하고 있다는 평가를 받고 있는 50대 목회자와 밥을 먹었다. 그는 생각보다 활력이 없었고, 앉아 있는 자체를 힘들어하는 것 같았다. "목사님, 지쳐 보이십니다"라고 했더니 그는 자도, 자도, 피곤하다고 했다. 의욕도 없고 매너리즘에 빠진 것 같다고 했다. "혹시, 휴가나 안식년을 정기적으로 갖고 계시나요?" 하고 묻자 그는 "너무 바빠서"라고 말끝을 흐렸다. 선배에게 조언하는 것은 적절하지 않은 것 같아서 내 이야기를 했다.

개척하고 6년이 되었을 때 나는 자주 한숨을 쉬었다. 의욕이 생기지 않았다. 당시 제일 무서운 말이 식사 후 "차 한잔하러 가시죠!"였다. 식사하며 이미 에너지를 다 써서 차 마실 기력이 없었다. 교회 리더들이 내 이런 상태를 보고는 안식년을 제안했고, 나는 3개월간 쉼을 가졌다. 나는 안식월을 통해 쉬는 게 어떤 것인지를 배웠다(쉼도 배움과 노력이 필요한 영역이다).

과거에는 휴가를 가도 노트북을 들고 가서 사역했고, 쉴 새 없이 전화 통화를 했다. 어디를 가든 머릿속으로 설교 관련 생각을 했다. 그런데 유럽으로 갔더니 전화가 오는 곳도 없고, 전화를 걸 수도 없었다. 설교해야 할 곳도 없고, 설교 준비를 할 필요도 없었다. 그저 하루하루 온전히 쉼을 누릴 수 있었다. 아, 아내 말로는 내가 이 기간에 당시 세 살이었던 첫째와 처음으로 친해졌다고 한다. 그전까지만 해도 아이와 놀아 줄 기력이나 마음의 여유가 없었다.

은퇴 목사인 앨 마틴은 막 목회를 시작한 제자들에게 자주 이런 전화를 받는다고 한다.

"목사님, 도와주세요. 기도할 수가 없어요. 연구할 수가 없어요. 잠을 잘 수가 없어요. 목회를 계속할 수가 없어요. 아무래도 사임해야 할 것 같아요."

그때마다 마틴은 차분한 음성으로 이렇게 조언한다고 한다.

"자네는 살과 피로 된 인간이 아니라 육체가 없는 천사처럼 살려 하고 있네. 자, 이렇게 해 보게나. 첫째, 운동하게. 일주일에 세 번씩 격렬하게 운동하게. 둘째, 일주일에 하루는 온전히 쉬게. 셋째, 일주일에 최소한 하루는 저녁 시간을 아내와 함께 보내게."

그때마다 돌아오는 대답은 한결같았다고 한다.

"하지만 목사님, 그럴 수 없어요. 사역이 너무 많습니다. 도무지 시간이 없어요."

"일단 해 보고, 그래도 안 되면 다시 전화하게."

그런데 단 한 명도 다시 전화한 제자가 없었다고 한다.[20]

나 역시 쉼이 필요한 시기였다. 개척 후 정신없이 사역했고, 처음 마주 대하는 문제들을 처리하며 스트레스와 압박을 견뎌야 했는데, 이 과정에서 심적으로, 체력적으로 지쳐 있었다. 당시 나는 두 가지 구체적인 증상을 겪고 있었다. 하나는, 좁은 공간에 사람들과 함께 있으면 호흡이 힘들고 답답해서 견딜 수 없었다. 그래서 교역자들과도 같은 차를 타고 움직일 수 없었다. 다른 하나는, 전화벨만 울려도 가슴이 뛰는 증상을 겪고 있었다. 이 증상은 개척 초기 한 성도의 전화로 촉발되었다. 새벽 2시쯤 전화한 그는 다급한 목소리로 자신이 있는 곳에 와 달라고 했다. 나는 그의 신상에 문제가 생긴 줄 알고 급히 그가 있는 곳으로 갔는데, 그곳은 술집이었다. 그는 나를 보자마자 친구에게 말했다.

"내가 뭐라고 했어? 우리 목사님은 다르다고 했지? 우리 목사님은 성도가 새벽에 불러도 한걸음에 달려 나오시는 분이야!"

물론 그가 어떤 의도로 내게 그렇게 행동했는지 이해한다.

그러나 당시에 느낀 기분은 비참함이었다. 그날 나는 낯선 술집에서 내 모교를 자퇴했다고 소개한 그의 친구로부터 개똥철학을 두 시간 가까이 들어야 했다. 이후 전화벨 소리나 진동만 느껴도 불안한 증세를 겪었다.

나는 안식월 기간에 전화를 최대한 멀리했다. 돌아오고 나서는 무음으로 바꿨다. 그러자 마음이 편해졌다. 게다가 복귀 후 자주 습관처럼 내쉬던 한숨이 사라졌다. 돌이켜 보니 당시 내게 필요한 것은 더 많은 헌신과 열정 그리고 노력이 아니라 쉼이었다. 적절한 때에 내게 쉬도록 조언해 준 이들에게 감사의 마음을 전한다.

이후 나는 공동체에 쉬는 문화를 어떻게 정착시킬 수 있을지를 고민했다. 그러던 중 한 남성이 저녁 기도회(20시)에 나와 꾸벅꾸벅 졸았다. 그는 다음 날도 저녁 기도회에 나왔는데, 두 눈이 빨갛게 충혈되어 있었다. 요즘 잠을 충분히 자고 있는지, 쉬고 있는지 물었더니 그는 하루에 네 시간씩 자며 일한다고 했다. 그래서 '그대에게 필요한 것은 기도가 아니라 잠'이라고 말해 준 뒤 집으로 돌아가서 쉬라고 했다. 하지만 안타깝게도 그는 집에 가면 쉴 수 없다고 했다. 그래서 차에서 잠시 눈을 붙이라고 했다.

우리는 바쁜 것이 미덕인 사회 구조 속에 살고 있다. 우리는 누군가에게 전화해서 "요즘 한가하시죠?"라고 묻지 않는다.

"많이 바쁘시죠?"라고 해야 그다음 대화가 이어진다. 이런 분위기에서 현대인은 쉴 곳이 없다. 교회 공동체조차 이들에게 무엇인가를 요구한다. 더 헌신하라고, 더 노력하라고 말한다. 참석해야 할 모임도 많다.

나는 안식월 이후 교회 안에 두 달에 한 번 모든 예배와 모임을 정지하고 쉬는 '안식 주간'을 만들었다. 예배 및 교회 행사에는 고정적으로 헌신하는 이들이 많다. 이들의 헌신 덕에 공동체가 누리는 것이 많지만, 정작 이들은 쉴 기회가 적다. 그런데 한 주간 모든 행사와 예배를 중지했더니 이들이 쉼과 교제를 누리게 됐다. 자신이 지금 기능으로 사역하고 있는지, 아니면 마음 다해 사역하고 있는지 점검하는 계기도 됐다.

한편, 예배를 섬기는 각 팀의 인력 풀을 늘렸다. 찬양 팀의 경우 최소 50명을 목표로 인원을 모집했다. 효과는 서서히 나타났다. 이직과 결혼 등으로 우리 교회에 등록한 이들 중 이전 교회의 메인 반주자 출신들이 많았는데, 이들은 처음에는 봉사하고 싶어 하지 않았다. 그런데 1년 혹은 1년 반 정도 지나면 봉사하고 싶다고 말한다. 이유를 물으면 한결같은 대답이 돌아온다.

"이 교회는 '몰빵'시키지 않더라고요."

반주자 한 사람이 새벽 기도, 수요 기도회, 금요 기도회, 주일까지 봉사해야 하는 구조 속에서 이들은 지쳤다. 자기 신앙과 삶을 돌볼 여력이 없었다. 그래서 옮기는 교회에서는 절대 봉사하지 않으리라 다짐했다. 그런데 막상 더세움교회에 와서 보니 돌아가며 적절하게 사역하고 있는 것이 아닌가? 이들은 다시 용기를 냈다.

2023년, 올해는 소그룹 리더 안식년을 시행하고 있다. 처음에는 우려도 있었다. 과연 소그룹 없이 1년간 공동체가 유지될 수 있을까? 그러나 기우(杞憂)였다. 리더들은 충분한 쉼 속에서 건강하게 신앙생활하고 있다. 소그룹이 없다 보니 보다 다양한 성도들과의 만남도 이루어지고 있다.

교역자들을 위해서는 매년 두 주간 쉬는 안식월 제도를 만들었다. 목사 안수를 받는 해에는 한 달간 안식월을 갖게 했다. 최근에 한 달간 안식월을 떠난 목사 부부가 떠나기 직전에 찾아와 너무 기대된다고 했다. 이전까지는 휴가를 받아도 어차피 돌아가면 설교하고 사역해야 한다는 생각 때문에 제대로 쉬지 못했다고 했다. 물론 이 친구는 내가 봐도 정말 쉬는 게 뭔지 모르는 사역자였다. 그런데 이번에 한 달을 쉰다고 생각하니 너무 기대된다고 했다. 실제로 스위스 융프라우 정상에서 그가 내게 페이스톡을 했는데, 이전에 보지 못한 환한 얼굴로 말하는 모습을 보니 참 좋았다.

'쉼'은 '숨'과 어원이 같다고 한다. 즉, 쉰다는 것은 숨을 잘 쉬는 것과 같다. 우리가 숨을 잘 쉬어야 생명에 문제가 없고 건강을 유지할 수 있듯이, 쉼을 잘 가져야 정신적, 육체적으로 이상 없이 건강하게 살아갈 수 있다. 로뎀 나무 아래서 홀로 앉아 죽기를 구한 엘리야는 이 지점을 간과한 것 같다.

> "자기가 죽기를 원하여 이르되 여호와여 넉넉하오니 지
> 금 내 생명을 거두시옵소서"(왕상 19:4).

그는 극도의 우울감을 느꼈다. 낙심에 사로잡혀 살고자 하는 의욕을 잃었다. 자포자기했다. 이는 엘리야의 성격 유형이 INTP, 논리적 사색가이기 때문이 아니다. 그는 이스라엘 역사상 가장 사악하고 강력한 왕권을 가진 아합과 맞서 싸운 용감한 영적 거인이었다. 그런 그가 번 아웃에 빠졌다.

'번 아웃'(burnout)은 모든 것이 타 버리고 재만 남은 것 같은 상태, 즉 신체적으로나 정서적으로 가진 에너지가 모두 고갈된 상태를 말한다. 몇 해 전 WHO(세계보건기구)에서 번 아웃 증후군을 '제대로 관리되지 않은 만성적 직장 스트레스'라고 규정했다. 다시 말하면, 이제 직장 생활이나 교회 사역하면서 '이 정도 스트레스 받는 건 당연한 거 아냐?'라고 생각할 게 아니라, 제대로 알고 관리해야 하는 영역으로 인정된 것이다.

번 아웃에 빠지면 계속 기력이 없고 쇠약해진다. 아무것도 하기 싫고, 신체적으로 너무 힘들고, 자도, 자도 피곤하다. 또

갑자기 화를 내는 일이 잦아지고, 일에 대한 열정도 예전만 못하게 된다. 회의감과 의욕 없음을 겪게 된다. 엘리야가 지금 이 상태에 빠져 있다. 개척 6년 차 정통령도 이 상태에 빠졌었다. 아니, 당신도 이 상태에 빠져 있는지 모른다.

지치고 의욕을 상실한 엘리야는 고립감을 느꼈다. 인간관계를 끊고 좌절감에 휩싸여 있다. 대체 무엇이 엘리야를 이렇게 만든 것일까? 여러 분석을 할 수 있지만, 나는 그가 제대로 된 쉼을 갖지 않았다는 점을 지적하고 싶다. 그는 로뎀 나무 직전 갈멜 산에서 극도의 스트레스와 압박감을 견디며 홀로 850대 1의 영적 전투를 치렀다. 이후 반성의 기미조차 없는 이세벨의 살인 예고, 자기 헌신에도 불구하고 아무것도 바뀌지 않은 상황을 마주 대하며 실망한 마음을 안고 최소 160킬로미터가량을 이동하며 도망쳐야 했다. 즉, 그는 힘을 다 소진했고, 극도의 피로감을 느끼고 있었다. 그에게는 쉼이 필요했다.

나는 지친 엘리야를 대하시는 하나님의 모습이 너무 좋다. 하나님은 그를 책망하지 않으셨다. "야, 선지자나 된 녀석이 믿음 없는 소리나 하고. 한심한 녀석!"이라고 꾸짖지 않으셨다. 하나님은 로뎀 나무 아래서 죽기를 구하다 지쳐 잠든 그에게 천사를 보내서 천사표 스포츠 마사지를 해 주셨다. 극도로 긴장한 목과 어깨 주변을 집중적으로 관리해 주셨을 것이다. 이후 숯불에 구운 떡을 주셨다. 숯불에는 타이어를 구워도 맛있다는 말이 있지 않은가? 얼마나 그 떡이 맛있었겠는가? 게다가 충분한 수분을 섭취하도록 물도 주셨다. 그러나 엘리야에게는 쉼이 더 필요했다. 그는 다시 누워 잤다. 하나님은 다시 천사를 보내서 스포츠 마사지와 함께 먹을 것을 주셨다(왕상 19:6-8).

하나님은 아셨다. 그에게 지금 가장 필요한 것은 충분한 쉼과 천사표 마사지 그리고 먹을 것과 마실 것이라는 것을. 그 결과 엘리야는 다시 일어날 힘을 얻었다.

> "이에 일어나 먹고 마시고 그 음식물의 힘을 의지하여 사십 주 사십 야를 가서 하나님의 산 호렙에 이르니라"(왕상 19:8).

우리도 극도로 지친 이들을 이렇게 대해야 한다. 말없이 같이 밥 먹어 주고, 그가 쉴 수 있도록 배려해야 한다. 해결책을 성급하게 말하기보다 그를 위해 기도하며 기다려 줘야 한다. 물론 이렇게 한다고 상대가 내가 한 배려에 감사할 것이라는 순진한 기대는 하지 마라. 과거에 한 성도가 밥을 먹자고 해서 즐거운 마음으로 식사를 했다. 그런데 그날 밤 이런 톡이 왔다.

"목사님과의 식사가 기대만큼 좋지는 않았어요."

그녀는 나를 만나면 인생의 문제도 풀리고 감동도 있고 힘도 얻을 것을 기대했던 것 같다. 그래도 어쩌겠나? 내가 할 수 있는 것은 같이 밥 먹고, 위해서 기도하는 것인 것을.

자, 쉼을 누려야겠다는 생각이 드는가? 그렇다면 다음 단계로 넘어가 보자.

홀로 감당하지 마라

개척 초창기, 나는 모든 것을 홀로 결정해야 했다. 어려운 일을 홀로 감당해야 했다. 이런 상태가 익숙해지다 보니 사람들에게 내 속마음을 말하는 것이 어려웠다. 심지어 교역자들에게도 그랬다. 그들에게도, 성도들에게도 든든한 리더로 있을 때가 가장 편했다.

그런데 한 사역자가 자살을 시도한 일은 도저히 나 혼자 감당할 수가 없었다. 늘 의연한 모습만 보였던 나는 누군가 앞에서 울어야 했고, 내 절망스러운 감정을 말해야만 그날 하루를 버틸 수 있었다. 그들은 내가 혼자가 아니라고 말해 줬다. 함께 감당하자고 말해 줬다. 한 장로님은 아무 말 없이 소고기를 사 주셨다. 한 성도는 내 사무실에 꽃을 놓고 갔다. 나는 이 일을 겪은 후 도움이 필요하다고 말할 수 있는 사람이 되었다. 힘들면 힘들다고 표현할 수 있는 사람이 되었다.

로뎀 나무 아래서 죽기를 구했던 엘리야는 자신의 감정을 아무에게도 나누지 않았다. 누군가에게 자기 이야기를 하는 것이 엘리야에게는 익숙하지 않았다. 그가 그릿 시냇가에서 만난 존재라고는 까마귀가 다였다. 갈멜 산에서도 그는 혼자 싸웠다. 엘리야는 "왜 나 혼자 이 무거운 짐들을 짊어져야 하는 거지?"라고 자주 반문했을 것이다. 이 과정을 통해 혼자 감당하는 것이 익숙해졌을 것이다. 물론 혼자 다 감당할 수 있다면 아무 문제없었겠지만, 사람은 혼자 모든 것을 감당할 수 있는 존재가 아니다. 그가 감당할 용량이 초과되자 그는 급격히 무너졌다.

하나님이 호렙 산에서 그를 부르셨다.

"엘리야야 네가 어찌하여 여기 있느냐"(왕상 19:9).

그는 엉뚱한 대답을 한다.

"오직 나만 남았거늘"(왕상 19:10).

그가 느끼고 있는 고립감은 그의 세계를 완전히 지배한 상태였다.

사실 엘리야가 느끼고 있는 고립감은 사실이 아니다. 그는 이미 오바댜를 통해 하나님의 선지자 100명이 살아 있다는 정보를 들었다(왕상 18:4, 13). 그러나 고립감은 철저히 홀로 남았다고 믿게 만든다. 세상에 내 편은 없다고 믿게 한다. 그 결과 내게 붙여 주신 동역자들을 외면한 채 더 깊은 굴속으로 들어간다. 엘리야가 그랬다. 그는 사환을 브엘세바에 남겨 두고(왕상 19:3) 홀로 로뎀 나무 아래에서 죽기를 구했다.

혹시 당신이 지금 엘리야 무드에 빠져 있다면, 당신에게 주신 동역자에게 도움을 요청하기를 권한다. 하나님은 인생의 모든 것을 홀로 짊어지라고 하신 적이 없다. 함께, 같이 감당하며 살도록 우리를 창조하셨다.

몇 해 전, 한 성도가 예배 직후 이렇게 톡을 보내 왔다.

"엘리야가 로뎀 나무에서 죽기를 구하는 장면을 볼 때마다 3년 전 저의 모습이 떠오릅니다. 그때쯤 하나님 앞에 너무 힘들다고, 사도 야고보처럼 저도 이 힘든 세상 벗어나 빨리 데려가 달라고 엄청 울면서 구했던 적이 있었습니다(엘리야처럼 뭐 엄청난 일을 한 것도 하나 없으면서, 삶 자체가 너무 고단하고 버거웠습니다).

그러던 어느 날 매일 기도회 때 죽기를 구하고 있는데, 목사님이 갑자기 옆에 있는 지체들의 손을 잡고 기도하라고 하셨어요(이 이후에 한 번도 그러신 적이 없는 것 같은데 말이지요). 저는 아무 힘도 없어 가만히 울며 앉아 있었는데 한 자매가 제 손을 잡고 기도

하더라고요.

손을 잡고 같이 기도하는데 갑자기 제 기도가 바뀌기 시작했습니다. 살려 달라고, 정말 살고 싶은데 살아지지가 않는다고 말이에요. 도와 달라고, 제발 주님이 도와 달라고, 기도하게 되었습니다. 그때 처음으로 중보 기도와 공동체의 힘을 경험했습니다.

하나님께서 저의 죽음과 부정적인 것을 비우시고 새로운 것을 채워 주셨는데, 그것도 지체들을 통해 채워 주셔서 정말 감사했습니다."

나는 요즘 교역자들과 자주 내 감정을 나눈다. 내 안에 있는 두려움도 나눈다. 나누다 보니 나뿐만 아니라 교역자들 안에도 두려움과 절망이 있다는 것을 알게 되었다. 우리는 서로의 연약함을 위해 기도한다. 서로 채워 줄 수 있는 것은 함께 감당해 준다.

기쁨과 활력을 주는 활동에 죄책감을 가지지 마라

과거 내게 취미가 뭐냐고 물으면 '목회가 취미'라고 대답했다. 할 줄 아는 것도 목회였고, 하는 것도 목회였다. 내가 동해를 처음 본 게 아내와 결혼하기 직전이라고 하면 사람들은 거짓

말하지 말라고 한다. 나는 명절에도 자청해서 교회 당직을 섰고, 학부 때부터 수업이 끝나면 교회로 달려갔다. 지금 생각해 보면 정말 재미없는 사람이었다.

당시 아내가 내게 동해에 가 보자고 했을 때 나는 바다가 다 바다지 굳이 멀리 동해까지 가야 하느냐고 했었다. 사실 내가 본 바다라고는 내가 태어난 안면도 서해가 다였다. 목적지에 도착한 후 차에서 내린 나는 아내 표현으로 최소 10분 이상 멍하니 바다만 바라봤다. 갯벌이 아니라 짙은 코발트블루 빛깔의 바다를 처음 본 나는 그 아름다움에 매료되어서 넋을 잃고 바다를 감상했다. 게다가 수평선 너머에 아무것도 보이지 않을 정도로 광활한 바다를 보는 순간 답답한 가슴이 뻥 뚫리는 기분을 느꼈다.

물론 개척 후에도 여전히 목회자가 놀러 가는 것에 대해 조심스러웠다. 나는 노는 것을 별로 안 좋아하는 사람이라고 생각했다. 그런데 안식월 기간에 유럽 한 달 살기를 해 본 뒤에는 달라졌다. 노는 것도 놀아 본 사람이 논다고, 나는 내가 이렇게 여행을 좋아하는 사람인지 몰랐다. 여행은 내게 기쁨과 활력을 줬다. 새로운 세계를 만나는 설렘이 무엇인지 알려 줬다. 이후 나는 기회가 되면 자주 여행을 한다.

2023년 올해, 우리 공동체는 1년 소그룹 모임을 쉬고 있다. 대신 세대별로 1박 2일 여행을 가고 있다. 서로 서먹했던 성도들이 돌아올 때는 차 안에서조차 쉴 새 없이 이야기하는 것을 보며 여행이 주는 기쁨과 힘이 있음을 본다.

당신은 무엇을 할 때 활력을 얻는가? 무엇을 할 때 자신을 채우는 것 같은가? 그것이 무엇이든 자신을 채우는 활동에 대해 죄인이 된 것처럼 행동해서는 안 된다. 여가와 영성을 연구하는 학자 폴 헤인츠맨(Paul Heintzman)은 이렇게 말했다.

> 여가라는 단어는 성경에 거의 나오지 않는다. 하지만 안식일, 쉼, 축제, 절기, 춤, 환대, 우정 같은 그리스도인의 여가 활동을 권장하는 성경적인 주제가 많다. 이런 주제는 일하지 않는 시간의 삶, 우리가 참여하는 여가 활동들과 같은 여유로운 태도가 그리스도인의 삶이 번영하는 데 매우 중요하다는 것을 암시한다.[21]

혹시 채우는 활동과 전혀 관계없을 것 같은 청교도들이 볼링을 만들었다는 것을 아는가?

규칙적으로 운동하라

나는 20대부터 내 몸을 혹사했다. 과로를 밥 먹듯이 했고, 잠자리가 일정치 않았다. 신대원 시절 돈이 없어서 3천 원을 내면 하루 동안 잘 수 있는 찜질방에서 6개월을 생활했는데, 내 몸이 이때 많이 망가졌다. 하루는 토요일 저녁 사역을 마치고 도저히 찜질방에서 잘 엄두가 안 나서 허름한 동네 여관에서 3만 원을 주고 잤다. 지금 생각해 보면 침대 매트리스가 좋은 것이 아니었는데도 불구하고 그날 정말 푹 잤던 기억이 난다. 아내는 당시 나와 같은 공동체를 섬겼다. 아내의 회상에 의하면, 나는 어디를 가든 제일 먼저 밥을 먹고 드러누워 자는 사람이었다. 심지어 커피숍에 가서도 주문한 음료가 나오기 전 잠시 잠을 자지 않으면 다음 일정을 소화하지 못하는 사람이었다고 한다.

이런 체력을 가진 사람이 개척을 했다. 물론 열정과 젊음으로 버텼다. 그러나 몸은 정직하다. 결국 고장이 나고 말았다. 나는 30대 후반에 갑상선 기능 항진 진단을 받았다. 교회 성도 중에 신뢰할 만한 의사가 있어서 찾아가 상담을 받았다. 그는 나에게 아직 약을 먹을 단계는 아니니 운동을 하라고 권했다. 나는 즉시 피트니스 클럽을 운영하고 있는 성도를 찾아갔다. 그는 세계 머슬마니아 피지크 챔피언 출신이었는데, 그에게 3개월 동안 개인 P. T.를 받으며 내 몸에 대해, 운동 방법에 대해 상세히 배울 수 있었다. 이후 나는 수년째 출근 전 1시간씩 운동을 해 오고 있다. 헬스와 함께 자전거 타기, 계단 오르기도 병행하고 있다.

요즘 나는 쉽게 지치지 않는다. 활력과 힘이 있으니 아이들과 더 자주, 오래 놀아 준다. 아이가 안아 달라고 하면 통증이 있어서 망설이곤 했는데, 이제는 흔쾌히 아이를 안고 걷는다. 퇴근 후 안마 의자가 내 지정석이었는데, 이제는 집안일을 한다.

아, 가장 큰 변화는 장거리 운전을 즐겁게 하게 되었다는 것이다. 과거에는 한 시간만 운전해도 허리 통증으로 힘들어했다. 어깨가 무너질 것처럼 아팠다. 그러다 보니 자연스럽게 운전해야 할 일이 생기면 스트레스부터 받았다. 게다가 운전하고 난 직후 며칠은 정상적이지 않은 컨디션으로 생활해야 했다. 회복이 더뎠다. 하지만 이제는 운전한 직후에도 또 다른 일을 할 수 있을 만큼 건강을 되찾았다.

요즘 내 외형적 변화, 건강을 되찾은 모습을 본 성도들이 운동을 시작하는 것을 종종 본다. 한 남자 성도가 이렇게 간증했다.

"아내가 운동한 이후에 짜증이 줄었습니다."

기쁘긴 한데, 가끔은 성도들이 목사를 보고 '아, 기도하고 싶다. 하나님과 가까워지고 싶다' 이런 도전을 받아야 하는데 현 상황이 적절한 것이 맞나 싶다가도, 쉼과 운동 역시 우리의 신앙 여정에 중요한 요소이기에 긍정적으로 받아들이기로 했다. 쉼을 두려워하지 마라. 쉼을 죄스럽게 생각하지 마라. 쉼

또한 하나님이 주신 삶의 방식이다.

당신은 하나님이 주신 건강을 유지할 책임이 있다. 바쁘고 중요한 일이 많겠지만 건강 유지도 인생에 있어 굉장히 중요한 영역이다. 그리고 홀로 모든 것을 짊어진 자로 자처하며 살지 마라. 당신 곁에 두신 동역자들과 삶을 나누라. 기도를 요청하라. 때로는 그들의 어깨에 기대어 서라. 하나님께서 허락하신 삶을 풍성하게 누리며 사는 당신의 인생이 되기를 기도한다.

기도

하나님, 요즘 저는 쉽게 지치고, 일에 대한 열정도 예전만 못했습니다. '나는 원래 이런 사람이 아닌데 왜 그럴까?'라는 생각이 자주 떠올랐습니다. 주변에서는 기도해 보라고 하지만 기도할 힘조차 없었습니다. 신체적으로 너무 힘들고 자도, 자도, 피곤했습니다. 그래서 함께하는 이들의 평범한 부탁 혹은 제가 해야 할 의무가 지나치게 무겁게 느껴졌습니다. 벗어나고 싶었습니다. 어느 순간 기쁨을 잃어버렸습니다. 심지어 고립감도 느꼈습니다. 아무도 내 상황을 이해하지 못한다는, 나만 혼자 힘든 인생의 짐을 짊어지고 있다는 생각에 빠졌었습니다.

이렇게 된 데는 여러 가지 이유가 있겠지만, 그중 하나가 적절한 쉼과 저를 채워 주는 활동, 운동이 부족했음을 깨닫습니다.

하나님, 제게 적절한 쉼을 정기적으로 가질 수 있는 용기를 주십시오. 하나님께서 제 삶과 일을 여전히 다스리고 계신다는 것을 믿으며 쉬어야 할 때 쉴 수 있게 해 주십시오. 그리고 저를 채워 주는 활동을 죄스러워하지 않게 해 주십시오. 저를 채워 주는 활동을 찾는 과정이 낭비라고 생각하지 않게 해 주시고, 하나님이 주신 삶을 즐길 마음의 여유를 찾게 해 주십시오. 바울의 고백처럼 먹든지 마시든지, 무엇을 하든지, 그것이 쉼이든, 나를 채워 주는 활동이든 다 하나님의 영광을 위해 하는 것임을 기억하며 기쁘게 누리게 해 주십시오.

그리고 하나님이 주신 건강한 신체를 혹사하기를 멈추고 규칙적인 운동을 하고 싶습니다. 이 마음이 운동을 시작하는 데까지 식지 않도록 지켜 주십시오. 또, 운동을 배울 때 제 신체를 잘 살피고 이해하며 안내해 줄 좋은 선생님과 만날 수 있도록 인도해 주십시오.

이 모든 과정을 통해 하나님께서 맡겨 주신 삶을 건강하게 감당하고 싶습니다. 기쁨과 즐거움으로, 활력과 열정으로 살아가고 싶습니다. 제게 주신 사람들과 기쁨으로 살아가고 싶습니다. 이 마음이 작심삼일이 되지 않도록 제 삶과 마음을 움직여 주십시오.

예수님의 이름으로 기도합니다. 아멘.

생각 나눔

1. 당신의 한 주 일정을 기록해 보자. 그 안에 쉼의 시간이 충분히 확보되어 있는가? 당신의 일정을 가족 혹은 지인들과 나누며 쉼의 시간을 확보해 보도록 하자.

2. 혹시 고립감에 사로잡혀 있지는 않은가? 무엇이 당신을 고립되게 만드는가? 당신의 감정을 적고 다른 이들과 나눠 보도록 하자.

3. 지속적으로 운동하는 시간이 있는가? 운동하는 습관을 만들어 보자. 일주일간 진행하고 당신에게 찾아온 심리적, 육체적 변화를 나누어 보자.

1 존 드레셔, 《내가 다시 아빠가 된다면》(아바서원), pp. 41-43.

2 스캇 솔즈, 《선에 갇힌 인간, 선 밖의 예수》(두란노), p. 256.

3 Josef Pieper, 《*Faith, Hope, Love*》(Ignatius), pp. 163-164.

4 석정훈, 《무의식은 답을 알고 있다》(알키), p. 163.

5 이상억, 《꽃보다 아름다운 사람 이야기》(생명의말씀사), p. 17.

6 제임스 브라이언 스미스, 《선하고 아름다운 하나님》(생명의말씀사), p. 129.

7 존 드레셔, 앞의 책, pp. 25-26.

8 송길원, 《비움과 채움》(해피홈), p. 84.

9 제임스 브라이언 스미스, 앞의 책, p. 102.

10 브루스 윌킨슨, 《걱정과 불안에서 자유하게 하는 기도》(디모데), p. 22.

11 필 라이큰, 《사랑한다면 예수님처럼》(생명의말씀사), p. 43.

12 필립 G. 라이큰, 《헛된 세상, 헛되지 않은 삶》(생명의말씀사), p. 78을 읽고 통찰을 얻어 영화를 보고 대사를 인용함.

13 스캇 솔즈, 《세상이 기다리는 기독교》(두란노), p. 240.

14 브루스 윌킨슨, 앞의 책, pp. 66-67.

15 정현주 기자, '예수님은 한 번도 불평하지 않으셨다', <온누리 신문>(2019년 10월 20일)에서 발췌. http://news.onnuri.org/board/board_view.php?BoardSeqNo=16370.

16 엘런 로스, 《예배와 영성》(디모데), p. 735.

17 존 파이퍼, 《시편을 마음에 채우다》(생명의말씀사), p. 50.

18 코넬리아 마크, 《네 모습 그대로 괜찮아》(IVP), p. 90.

19 맥스 루케이도, 《루케이도에게 배우는 사랑》(아드폰테스), p. 200.

20 데이비드 머리, 《리셋하라》(디모데), p. 49.

21 위의 책, p. 199.